2009年11月、ヤンキースのワールドシリーズ優勝パレード（Photo by AFLO）

逆風に立つ　松井秀喜の美しい生き方

目次

一　逆風に立つ

二〇一二年十二月二十八日、午前七時十分、私はテレビの前に立っていた。十分前にNHKの朝のニュースがメジャーリーガーの松井秀喜《まついひでき》選手の引退をトップニュースで流した。ほどなくニューヨークでその会見がはじまろうとしていた。

昨夜から私はあまり睡眠がとれなかった。昨夜半一時を過ぎてニューヨークの松井選手から電話が入った。こんな遅い時間に礼儀正しい彼から電話が来ることは初めてだった。

「夜分遅くにすみません」

話の内容は察しがついていたが、私は敢《あ》えて問うた。

「何でしょうか」

「今から六時間後に記者会見をします」

「記者会見ですか。何を話されますか」

「引退の記者会見です」

私は大きく吐息をついた。そうして自分でも驚くほどの声で言っていた。

「私は反対です。監督（長嶋茂雄《ながしましげお》氏）には電話をなさいましたか？」

「はい、さきほど……」

「何かおっしゃっていましたか」

「……淋《さび》しそうな声でした」

そうだろうな。体調さえ良ければ、四月のレイズ入団の際も真っ先に長嶋氏は松井選手の下に駆けつけプレーとマインドの指導をしたはずである。さほど二人の師弟愛は深く、固い絆《きずな》で結ばれていた。

私はそれから引退を思いとどまるように説得を試みた。話しながらこころの奥で、一度決めたことをまげてしまう男ではないからな、と承知しながらも必死で話した。

松井選手は沈黙したまま返答をしない。それでも私が抵抗したのは、あの美しい放物線を描いてスタンドに吸い込まれていく華麗なホームランと口を真一文字にしてベースを一周する姿を、もう二度と見られないということが現実になることを拒んだのだ。スタジアム全体から沸き起こるマツイコールと、あの少年のような笑顔、ベースボールの神様の申し子がグラウンドから消えることを信じたくないのが正直な気持ちだった。

「もう一度、夫人と話し合って記者会見にのぞんでもらえませんか」

「……わかりました。話し合ってみます」

それが最後の電話で、翌朝、松井選手は大勢の記者とカメラのフラッシュの中にいた。日本の各テレビ局は米国での会見を同時中継していた。あらためて多くの日本人から彼が愛されている事を認識した。どのテレビ局のキャスターもコメンテーターも彼を絶讃《ぜっさん》していた。

一瞬松井選手の目がうるんでいるように映った。その瞬間、私は胸が痛んだ。

この数日前から、〝松井引退〟の報道がスポーツ紙に載りはじめ、私は腹を立てていた。

——何をしてるんだ、〝松井番〟の記者は。

私は番記者たちがどうしてそんな記事を許し、それ以上に彼を思いとどまらせることができなかったのかと憤怒《ふんぬ》した。

日本でプレーをしていた時もそうだが、一度彼の番記者をすると、彼の魅力の虜《とりこ》になる。私も一度、番記者を集めて彼が草野球に興じる場面を見たことがあるが、何やらひとつの家族のように映った。なのになぜ……。

記者会見から半日、一日、二日と時間が過ぎ、胸の中に大きな空洞ができてしまい、私は仕事も手につかなかった。

――まだ十分に戦えたはずだ……。

その思いばかりが私の中で根強く残った。

二日目の夜、ちいさな記事を目にした。それは番記者の一人の独白記事で、或《あ》る日、ニューヨークの松井の自宅の壁からワールドシリーズの勝者のペナントやＭＶＰ獲得の折の写真が消え、トレーニングルームからウェアー、道具がなくなったことを知り、引退の原稿を書かざるを得なくなったという内容だった。

それを読んで、わたしは思わず手を止めた。

その記事が事実なら、写真を取り外したのも、トレーニングルームを片付けたのもきっと松井秀喜選手、その人である。私はその時の彼のうしろ姿を想像した。

――どんな気持ちで松井選手は、遠い少年の日に野球というスポーツにめぐり逢《あ》ってからかたときでさえ自分のそばから手放すことのなかったバット、グローブ、ウェアーをたった一人で片付けたのだろうか……と。そうか、誰よりも寂しく、辛《つら》かったのは松井選手だったのだ……。

私は自分を恥じた。

同時に彼が私たちに与えてくれたものの大きさをあらためて考えさせられた。

目を閉じてみた。

グラウンドに背番号55を背負った松井秀喜が立っている。そびえるほどの鍛え抜かれた身体がバックスクリーンのさらに後方にひろがる青空を見つめている。

そうだ。そんなふうに君はいつも立っていた。君がグラウンドに立つだけでどこからともなく風が吹いて来た。

私はゆっくりと彼の目を、顔を見直した。額にこぼれた前髪がかすかに揺れて舞い立つようにしている。風を受けているのだ。そうだな。松井秀喜はいつもむかい風に向かって立ち続けていた。

彼の人生はいつも、逆風に立っていた。それを平然と受け止め、克服してきたのだ。その姿に私たちは勇気と大きな感動をもらっていたのだ。

〝逆風に立つ〟

それが松井秀喜の生き方だったのだ。

二〇一三年三月　伊集院《いじゅういん》　静《しずか》

二　素晴らしい春の訪れ　二〇〇三年四月八日（夜明け）

その春の日のことを、私はずっと忘れることはないだろう。

「あなた、見てごらんなさいよ。雪雲がすっかり消えているわ。ひさしぶりに青空になるわね。私、何だか今日はいいことが起こりそうな気がするわ……」

妻は我家の東の庭が見渡せる窓のカーテンを開けて、背伸びしながら言った。見ると彼女の背中越しに、昨日まで低く垂れ込めていた雪雲が去り、青空に陽が昇ろうとしていた。私はとうにベッドを出て、いい香りを立てている中国茶を飲みながら、昨晩書いた小説の原稿を我家から四百キロ離れた東京の出版社に送る準備をしていた。原稿を読み直しながら、私は妻に言った。

「居間のテレビにさわらないでくれよ。ちゃんとセットしてあるからね」

数日前に、電気屋が来て、新しいチャンネルが映るチューナーをセットしていった。私も妻も機械に弱かった。家族というものの中にはたいてい一人か二人、機械に強い若者がいるものだが、我家には五十歳半ばを過ぎた不器用な作家と、主婦業とは無縁で生きてきた元女優の妻と、気難しい哲学者のような顔をした犬が一匹いるだけだった。新しいチャンネルがないと、太平洋を越えた一万一千キロ先にあるニューヨークのヤンキースタジアムでの本拠地開幕戦を生中継で見ることができないのだ。テレビが故障でもしたら、この七ヵ月間、待ち続けた一人の若者のメジャーリーグ、デビュー戦を見ることができなくなってしまう。

今日は、私たちが一番お気に入りの若者、松井秀喜選手が夢に見ていたヤンキースタジアムでのデビューの日なのだ。本来は、昨日が開幕戦だったのだが、ニューヨークは大雪でゲームが中止になった。昨日、私は朝の三時に起きて、テレビの前に立っていたが（時差のためこうしなくてはいけなかった）、中止の報《しら》せを聞き、一日手持ち無沙汰《ぶさた》になり、仕事も手につかないありさまだった。神様はすんなりと楽しみを人に与えてくれないものだ。何も手につかない私は妻に言った。

「君、教会に行ってきたらどうだね？」

「どうして？　昨日、日曜の礼拝に行ったばかりよ」

「だから、ヒデキ君のために祈ってきたらどうだね」

「それは昨日、ちゃんと祈っておきましたから」

「でもそれは、今日のゲームのことだろう。ゲームは延期になったんだから、もう一度、神様に念を押した方がいいんじゃないのか」

「大丈夫です。ヒデキさんが今シーズンを無事に送れるようにしっかりお祈りしてきましたから。念を押してなんて、神様に失礼でしょう」妻の口調が変わった。

「……それは悪かった」怒り出しそうな妻の顔を見て、私は黙った。

妻は敬虔《けいけん》なカソリック信者で、二日前の日曜の朝、雪道の中を四十分車を走らせ礼拝に出かけていた。いつもなら、雪の積った日は彼女の部屋の祭壇で礼拝するのだが、お気に入りの若者の大切な日を控えているので、わざわざ出かけてくれた。私の生まれ育った家は信仰を持たなかった。それに作家になるまでの三十年間、私の人生は遊び呆《ほう》けてきた日々だったから、今さら神様が私の願いを聞いてくれるはずはないと思っていた。

テレビ画面の中に、帽子を胸に当て、アメリカ国歌を聞いている松井選手の緊張した顔が映し出されていた。

「ヒデキさん、少し、緊張しているわね」妻が言った。

「そうだな。夢に見ていた野球場で憧《あこが》れのピンストライプを着て立っているのだからね」

私は答えながら松井選手の姿を見て、胸に熱いものがこみ上げそうになった。

この一年と数ヵ月、彼がどれほど大きな重圧と、どれほど苦しい選択を一人でしなくてはいけなかったかを、私は彼のそばにいた大人の一人としてよくわかっていたからだ。

——よくここまで来ることができた……。

私は胸の中で呟《つぶや》いた。

スターティングメンバーの名前がアナウンスされ、松井選手がレフトの守備位置に走り出すとスタンドから大きな喚声と拍手が起こった。ヤンキースファンはこの日本から来た若者がオープン戦でどれほど活躍したかを知っていた。それにスタンドには日本からやってきた大勢のファンとニューヨーク近郊に住む日本人家族が応援していた。松井選手は芝生の感触をたしかめるように外野を走っていた。

一打席目はセカンドゴロ、二打席目はフォアボール……。やはりメジャーの投手のボールはなかなか打てないのかもしれない。

ヤンキースの三対一のリードでむかえた五回裏、一死ランナー二、三塁でバーニー・ウィリアムズが打席に立った。ツインズのキャッチャーが立ち上がった。
「わあっ、敬遠だ」私は思わずテレビの前で叫んだ。
「あなた、敬遠って何？」妻が訊《き》いた。妻は点を多く取ったチームがゲームに勝つこと
と、ホームランを打つとゆっくりベースを回れること以外、野球のことは知らなかった。
私は彼女に敬遠の説明を詳しくする暇がなかった。
「敬遠って何？　どういうことなの、ヒデキさんにとって良いことなの、悪いことなの？」
私は興奮していた。それにテレビの日本人アナウンサーの興奮と、いつの間にか一杯に
なっているヤンキースタジアムの興奮が重なって、私は妻に言った。
「バーニー・ウィリアムズと対決するなら、松井選手と対決する方が討ち取れるだろうと
相手のチームが思ったのさ」
「そんなことって、日本では一度もなかったじゃない」
「だから日本から来た若造がどれほどの実力か見てやろうってことだよ」
テレビはネクストバッターズサークルで素振りをしている松井選手のアップを映し出し
ていた。少年時代から野球をやってきて、おそらく彼の前の打者が敬遠されたことは一度
も経験していないはずだ（敬遠に関しては、あとでひとつのエピソードを紹介する）。

――これがメジャーの野球なんだ。

私はそう自分に言い聞かせながら、もうひとつのことを考えていた。どんな人間にも生きて行けば必ず試練がやってくる。周囲の人が懸命に庇護《ひご》していても、人生には、その人が独りで乗り越えなくてはならない状況がやってくる。生きるということは、それを乗り越えることだ。たとえ一度で乗り越えられなくとも、大切なのはその試練から逃げないことだ。一度敗れても二度、三度とチャレンジすれば、いつか乗り越えられるものだ。それでも私は松井選手にいきなり試練を与えたベースボールの神様を少し恨んだ。神様、今じゃなくてもいいじゃないですか。少しメジャーの野球に慣れてからにしてくれても……。

松井選手が大喚声の中バッターボックスに入った。

私と妻は投手が投げた六球を声も出さずに見ていた。フルカウントになっていた。松井選手のバットにボールが当たった瞬間、私は声を詰まらせた。日本で何度も彼のホームランのシーンを見ている妻が、「ヤッタ！」と叫んだ。

どうして君にはわかるんだ？　本当にヤッタなのか？　私が胸の中で呟いた時、打球はもう右中間スタンドにむかって放物線を描き、スタンドにいた人たちは両手を上げて飛び上がっていた。それからはもう大騒ぎである。ヤンキースタジアムは総立ちで声を上げ、テレビのアナウンサーは絶叫し、妻はリビングで飛び跳ね、彼女を見て気難しい犬までがしっ尾《ぽ》を振って吠《ほ》え出していた。

そんな中を唇を真一文字にした松井選手がゆっくりとベースを回っていた。笑顔ひとつ見せないでホームベースを踏み、チームメイトに声をかけられ手を合わせた瞬間だけ、白い歯を見せた。ダイヤモンドを回る松井選手の姿を見て、この若者はベースボールの申し子なのだ、と思った。飛び跳ねていた妻が泣き出していた。あやうく私も泣いてしまうところだった。

トーリ監督にうながされ、マツイコールを続ける大騒ぎのスタンドにむかって、松井選手がベンチを出てヘルメットを脱ぎ、恥ずかしそうに挨拶《あいさつ》した。

「あなた、これでむこうの人たちもわかったでしょうよ、あのヒデキさんの実力が……」

妻は彼女が上機嫌の時に松井選手のことを呼ぶ、〝ヒデキさん〟を連発していた。

その日、私はあらためて人の試練というものを考えさせられた。妻はその夜、神様にお礼を言い、少し太り過ぎでダイエット食になっていた犬はステーキを少し食べさせて貰《もら》った。素晴らしい春の訪れだった。

試合後、松井選手はニューヨークの記者たちに囲まれ、感想を求められて言った。

「アンビリーバブル‼」

翌日の日本のマスコミはこの満塁ホームラン一色だった。政治も経済の記事もすべて隅に追いやられた。地元、ニューヨーク・タイムズも「松井は本拠地の初戦で満塁本塁打を放った初のルーキーとして、スタジアムの比類なきオーラに彩りを添えた。ベーブ・ルースからバーニー・ウィリアムズまで、歴代選手も顔負けの偉業だった」（ジャック・カリー記者）と報じた。

三　A STAR, MODESTY INCLUDED

「多くの若い選手が松井から学ぶべき点は多い」――ジョー・トーリ監督

ヤンキースのルーキーとして劇的な満塁ホームランでデビューした松井選手は、マスコミの予想をくつがえして、順調に四月は活躍した。ヤンキースのオーナー、スタインブレナーも上機嫌だった。それでもチームメイトを含めてマスコミも松井選手がシーズンを通して、どこまで活躍できるか静観していた。五月になって、松井選手のバットから打てども打てどもゴロしか出なくなった。手厳しいニューヨークのマスコミがとうとう松井選手を攻撃した。〝ゴロキング〟これがニューヨーク・タイムズが彼に付けたニックネームだった。松井選手が開幕から二十日までに放ったゴロは九十七でアメリカンリーグでトップだ。昨年、日本で五十本ホームランを打った打者なのか……。ニューズデーはさらに手厳しかった。〝さびた門のようなスイング〟と表現した。

そしてオーナーまでが憤怒した。入団以来ずっと松井選手に賛辞を送っていたスタインブレナーが火山を噴火させた。「私が言えるのは、松井は私たちが高い金を払って契約した長打力のある男ではないということだ。もっとホームベースに近づいて打った方がいい」ニューヨークのマスコミは面白おかしくオーナーの発言を書き立てた。

マスコミの松井選手への攻撃がはじまった時、少なくとも一人だけは彼の本当の力を見抜き、信じていた男がいた。ジョー・トーリ監督である。

トーリはタンパでのスプリングキャンプの初日、松井選手が引きつれてきた日本のマスコミの数の多さに驚き、松井選手がこれまで見てきたルーキーとはまったく違う運命を背負わされているのを知って、このルーキーがどんな若者かを見ていた。キャンプ初日、松井選手はチームメイトにこう告げた。「大勢の日本のマスコミが来たことで皆に迷惑をかけることがあれば申し訳ない。何かあれば言って欲しい」トーリはこのメッセージにも驚いた。普通、メディアに関してチームメイトに気遣うことは選手はしないものだった。それでもトーリは彼のバッティングを見て、安心した。非常にコンパクトなスイングで、ボールのミートも上手《うま》かった。ホームランバッターと聞いていたから、トーリは何でもかんでも大振りする選手ではないかと想像していた。守備もそこそこなせそうだった。そう、そこそこの選手に見えた。チームメイトの目からは、そんなにたいした選手には映らなかっただろう。

ところがキャンプをずっと続けて行く内に、トーリは松井選手が他の選手とはあきらかに違ういくつかの点に気付いていた。紅白戦がはじまり、次にオープン戦に入って行くと、彼が野球をとてもよく知っていることに感心した。松井選手は自分の役割をよく知っていた。走者が得点圏にいるとき、何をしたらベストかを知っている。たとえ凡打になったとしても彼が何をしようとしているかがわかった。いつも本塁打を狙っている打者より、はるかに優秀だし、野球というものが何なのかをよくわかっていた。それは守備の面でも同じだった。

――この選手は野球というゲームが、何かをわかっている。

トーリはそう思ったにちがいない。彼は長い選手生活とコーチ生活で選手の大半がプレーヤーとしての才能に恵まれているのに、野球というものが何なのかを、野球の本質が何かをわからないでプレーしていることを知っていた。

「野球とは何か？」

――それはチームがひとつになって勝利のためにベストをつくすことだ。

どんなに素晴らしい個人の記録よりも、タメ息をこぼしたくなる華麗なプレーよりも、野球の真髄は、勝利のためにチーム全員がベストをつくすことなのだ。それが何にも増して、偉大で、敬愛されるものなのだ。百六十二分の一の一勝。この一勝のためにベストをつくすのが野球なのだ。そして一人のプレーヤーの力だけでは野球は勝つことができない。これが個人のスポーツとチームのスポーツの違いである。世界一速い男の百メートル競走を毎日、毎晩見ていて楽しいだろうか。野球は違う。百万回ゲームをやっても、同じゲームは一度としてない。日々、ヒーローはかわり、日々、勝者と敗者は生まれる。今日は敗れたが、明日は必ず打ち砕いてやる。ひとつの勝利がもたらすものは選手にとってもファンにとっても真の価値であり、希望なのである。少年の時から野球をはじめて、やがて野球は自分だけのためにするスポーツではないとわかった時、野球の真の素晴らしさがわかるのだ。

勝つ時もあれば、敗れる時もある。それが人生に似ている。勝った時はいい。嫌なことも、苦労したことも忘れる。ファンも何かを解消してくれるだろう。しかし敗れた時、これが肝心なのだ。プラトンも言っているではないか。失敗こそが成功の母だ、と。敗れた時にいかに冷静に結果を見つめ、次になすべきことを見つけ、成功までの苦しい時間を耐えられるかだ。その忍耐力があるかないかがその人の成長を決める。忍耐力を養うのに一番必要なことは、強靭《きょうじん》な精神力である。ではその精神力はどうやれば培われるのか。それはなぜ自分がこの仕事をしているのか、使命感を持つことだ。

――自分は野球をするべくこの世に生まれてきた。野球は自分のすべてであり、自分が今、この世に存在している証明だ。

選手の引退セレモニーを思い出せばいい。名選手は必ずこう口にする。「野球に出逢《であ》えて私は幸福だった」ルー・ゲーリッグも言ったではないか。「私は世界一の幸せ者だ」と……。

トーリは松井選手をキャンプからじっと見ていて、それを感じた。

「とても礼儀正しくて、一生懸命に練習する素晴らしい若者だ。いい成績を残すだろうし、チームの顔となるような選手になるだろう」

でも確信があるわけではなかっただろう。松井選手はまだ若いし、メジャーの野球に慣れていなかった。

華々しいデビューをしてほどなく、松井選手はひどいスランプに陥っていた。それでも彼は落ち込むふうでもなく、くさる様子も見せなかった。それが信じられなかった。普通、松井選手の年齢なら動揺するはずだ。なのに彼は平静で、チームメイトに笑って接し、黙々とゲームをこなしていた。休養が一番の薬だとトーリは思っていたが、日本でプレーしている時から十一年間にわたって、松井選手は一ゲームも休むことなくプレーしていた。カル・リプケンの記録を破りたいと思っているのかもしれない。通訳の広岡勲《ひろおかいさお》にそのことを訊《き》くと、彼は松井本人に連続試合出場への愛着はあると言った。トーリは松井選手を呼んで言った。「君を休養させようと思ったが、今チームにとって君は必要だ。守備の面でも君はかけがえがない。それを言いたかった」そのあとにバッティングについてちいさなアドバイスをした。これが松井選手を復活させた。

六月はチームにとっても、チームメイトに対しても、彼がいかに素晴らしい選手かを印象付けてくれる月になった。六月は百四打数四十一安打で打率三割九分四厘、六本塁打、二十九打点、いっときは誰もが首をかしげて、オーナーを噴火までさせた男が、チームの首位打者になり、六十二打点もチームで一位になっていた。ア・リーグの週間ＭＶＰにも選ばれた。

前半戦が終わり、松井選手はファン投票でオールスターゲームにヤンキースとしてはジョー・ディマジオ以来のルーキーでの出場になった。

後半戦に入って松井選手は安定した活躍をする。その活躍はニューヨーク・タイムズの記事でわかる。

Matsui Is Only Relief The Yankees Need/2003.7.18
（松井だけがヤンキースの救い）
Matsui's Big Sprint Lights Up The Day/2003.8.16
（松井の猛ダッシュがこの日のハイライト）

そんな戦いの日々の中で、トーリがゲーム後にこう話した。
「マイナーリーグから上がってくる多くの若い選手が松井から学ぶべき点は多い。野球を知っているからね。私も含めてチームメイトの信頼も厚いし、とてもプロフェッショナルだ」

この発言で注目すべきなのは、松井選手のプレーと姿勢、つまり野球に対する姿勢をトーリが認めたことである。

そんな時に、私が、とうとうニューヨークのメディアもそのことに気付いてくれたか、と思う記事が出た。それは二〇〇三年八月二日にニューヨーク・タイムズのタイラー・ケプナー記者が書いた記事である。

A STAR, MODESTY INCLUDED

〝謙虚さを胸の中に持つスター〟(つつしみ深さを知っているスター)

パワフルなバッティングは松井の長所だが、最強の武器ではない。松井が際立っているのは、オールラウンドプレーヤーということだ。守っても、走っても、打席でのアプローチも素晴らしい。松井はトーリ監督が予想していた以上にさまざまなかたちで貢献している。トーリはこう言っている。「彼がアメリカに来た時は、どんな選手かよくわからなかったが、今の松井がいなければ、今のヤンキースもない。彼は私たちに驚異を与えてくれた」

松井はヤンキースの中で誰よりも厳しい目にさらされているが、動じるそぶりも見せない。さらにトーリはこう言った。

「地に足が着いた男だ。日本の記者ともアメリカの記者とも気さくに付き合い、自分が注目される存在であることを十分に理解していながら、人気におぼれず、謙虚さを忘れない。私は選手のプレーを結果だけで評価していない。松井については努力を評価したい」

小学五年生から野球チームでプレーしてきた松井は、デレク・ジータと同じように野球の基本に忠実で、精神的に崩れることもめったにない。練習と試合を重ねて勝負の駆け引きを身に付け、本能をとぎ澄ましてきた。

この記事を読んでわかるように、松井選手はデビューシーズンの中途《なかば》で完全にヤンキースの一員として認められ、それまでの七年間定着しなかったレフトのポジションを自分の手で獲得した。それは私もとても嬉《うれ》しいことなのだが、それ以上に、嬉しいことがこの記事にはあった。それはトーリが「謙虚なこころを持った選手だ」と語ったことだ。やはりトーリは名将と言われるだけあって、実に人間の観察眼が優れている。春のキャンプから彼は松井秀喜がどんな選手かを見てきた。選手としての能力は勿論《もちろん》だが、派手なパフォーマンスもしない、有頂天にならないかわりに、調子が悪い時もくさらないし、くよくよもしない。黙々と自分の仕事にベストをつくしている。その仕事とはチームが勝つために何をすればいいか、ということだ。二十九歳の若者でここまでできるという選手はなかなかいない。どこかで若さや、いたらなさが出る。それがない。松井選手には想像以上の強い精神力が備わっている。それがどこで養われたかはわからないが、これは大変な選手である。松井選手のあの強靭な精神力の源になっているのは、謙虚さにある。これが今メジャーの選手に欠けているものではないか。トーリは、それを口にした。

実は日本での松井選手の評価もまったく同じで、日本の選手の大半は、謙虚さを失っている。日本人は幼い時から、人は謙虚でなくてはならない、と教育されているが、日本人がすべて謙虚かと言うと、そうではない。太平洋戦争をはじめたのは軍人たちが謙虚さを失ったからだ。やはり松井選手は日本人の中でも代表されるような謙虚さを持っている。では謙虚な精神をかたちづくっているものは何か？　それは他人に対する思いやり、やさしさである。彼がどうして、そんなに謙虚でいられるのかを、これから記して行きたいと思う。

四　人の悪口は言いません――父との約束――

東京の出版社の編集者から電話が入ったのは、一九九八年の夏の盛りのことだった。

「私たちの雑誌で、この夏の大きな対談を企画していまして、東京ジャイアンツの松井秀喜選手が、あなたと話ができるなら、対談に出てもいいと言っています。ぜひとも出ていただけませんか？」

私は故郷にいた。三十年前に故郷の海で事故死した私の弟の墓参りに帰っていた。弟の魂を迎えるために私は両親と家族たちとともに家にいた。

「もう一度言ってくれませんか。松井って、東京ジャイアンツの、あの松井秀喜選手のことかい？」

「ホームラン王の松井選手です。ご存知のはずですよね？」

「はい、勿論知ってるよ。日本に松井選手を知らない人がいるはずがないだろう。知っているけど、私は彼に逢ったことはないし、どうして彼は私を指名してきたんだい？」

「あなたの本を読んでいて、ファンだと言ってます」

「本当かい？　驚いたね。読みにくい私の小説をかね」

「対談して貰えますか？　返事を早く欲しいんですが」

「少し待って貰えますか。その話、どうも変だし……。東京に戻ったら連絡します」

「よろしくお願いします。この対談ぜひ実現させたいんです」

電話を切って、私は仏壇に花を活《い》けていた母親に訊いた。

「母さん、東京ジャイアンツの松井選手を知ってる？」

「知ってますよ。ホームランを打つ選手でしょう。やさしい顔をしていて、私は好きよ」

「そう……」私は彼女に松井選手が私のファンだということを話そうと思ったが、よした。きっと彼女はその話を信じるはずがなかった。そうしてこう言うに違いなかった。

「小説を読むプロ野球選手がいるの？」それは私も同じ意見だった。前の年の冬、私はローカルテレビ局の取材で、その年の野球記者たちの満票を獲得して新人王になった若いピッチャーと、当時オリックスにいたイチローの三人でテレビで話をしたことがあった。私はテレビに出演することが好きではなかった。私の後輩がその番組のプロデューサーをしていて仕方なく出演した。狭い控え室でさんざん待たされ、挙句、私がようやくスタジオに入ると、そのルーキーが言った。

「えっ、まだ撮るものがあるの?」彼はスタジオに入ってきた私を見た。

「そうらしいね……」私は身体中の血が頭と右の拳《こぶし》に集まっているのを気付かれないように笑って言った。イチローとは以前逢っていたから、彼はすぐに対応し、ルーキーに私のことを説明してくれていた。私はもうルーキーと話をする気はなかった。それでも後輩のことを気遣ってルーキーに質問した。

「君はどんな本を読むの?」

「本って何ですか?」

「たとえば小説とか」

「小説ですか、僕は漫画しか読みません」

私は笑って、そうだろうナ、という顔をしてうなずいた。イチローはさすがに頭が良くて、「どうして日本の小説は横書きじゃないんですかね。横書きなら読んでるのに……」と笑って言った。私は笑い返して、君の通った小学校では国語の教科書は横書きだったかい? って胸の中で呟いていた。文字組みが横書きか縦書きかは、日本の小説ではとても大切なことなんだよ。これはずっと守られている文化なんだよ。

日本のプロ野球選手の大半は小説など読まない。このことは選手が悪いのではない。日本においてプロ野球選手になることは大きな収入を得て、スターになることを意味していた。だから才能のある少年を見つけると、指導者たちは野球の強い中学、高校に入学させた。そこで少年たちは、朝から夜まで野球をさせられる。勉強の成績などはどうでもよくて、特待生として高校は彼等を迎え入れた。公にはならないが、才能のある選手を獲得するために裏で契約金などを出す高校まであった。それで高校の名前が日本中に知れ渡って、生徒がたくさん入学してくれれば充分に元は取れるのだ。朝から夜まで野球だけをやっていて、いつ小説が読める？（勿論、例外もいるけど……）。

だから私が松井選手と対談することにすぐにOKを出さなかったのではない。日本に大勢の小説家がいて、彼が対談するのにふさわしい小説家が他にいるのではないかと思ったからだ。松井選手が高校生からドラフト一位でジャイアンツに入団した時、彼が野球だけではなく、学業成績も優秀だと聞いたからだった。

その夜、私は夏風邪を引いて私の故郷に来ることができなかった妻に電話を入れた。

「やあ元気かい？　熱は下がったかい？　哲学者はどうしてる？……今日の午後、ある人から対談の申し出があったんだ。誰だと思う?」

　彼女は、彼女の父親と二人、大のジャイアンツファンだった。

「誰なの?　若くて美しい女優さん――?」そう言って妻は私をからかった。

「まさか、松井秀喜だよ」

「えっ、本当に?――あっ、また冗談言ってるでしょう」

「冗談じゃないよ。けどわからないことがあるんだ。私を選んだ理由だけど」

「何なの?　ホームランの打ち方を教わりたいって?」

「いいジョークだね。彼が私の小説のファンなんだって、それでぜひ逢いたいと言ってるんだって。それって少し怪しいだろう?」

「あら素敵じゃない。少しも怪しくないわよ。あなたの小説を読んでるなんて、やっぱり松井さんって素晴らしい選手よ。すぐにお父さんに電話するわ。きっと喜ぶわよ。それでいつ逢うの?」

「それが、すぐに返事をしなかったんだ。少し怪しいと思ってね」

「何を言ってるの。すぐにＯＫしなさいな。私、父さんと母さんと一緒に見学に行っていいかしら?」彼女の両親は大のジャイアンツファンだった。

「君、これは仕事なんだから……」

妻に電話を入れたことで、松井選手と対談することは決定してしまった。我家のすべての決定権は彼女が握っていた。そうしておいた方が平和だった。

それにしてもどうして妻は彼女の周囲で起こるすべての物事を善意でしか受け取らないのだろう。

翌日、私は弟の墓参りをし、数年前から執筆していた故郷を舞台にした小説の取材のために、少年時代、私がよく野球をしていたグラウンドに出かけた。そこで私は少年時代を追憶した。その時、松井秀喜がどんな少年だったのだろうかと思った。私は松井選手のことを野球での活躍以外は何も知らなかった……。

私は東京に戻ると、妻の言ったとおりすぐに対談にOKの返事をした。スーパースターである彼のスケジュールはなかなか空かなかった。私の方も小説の書き下ろしがあった上に、フランス、スペインの美術館に絵画を見に行く旅行が一ヵ月近く入り、松井選手と逢えたのは四十日後のことだった。

妻はひさしぶりに東京に出てきた。さすがに、両親までは連れてこなかったが、松井選手と逢う日が決ってから、髪を切りに行ったり、プレゼントのネクタイを買いに行ったり、彼女はとても興奮していた。その興奮が私にも感染して、当日、約束のホテルに出かけるタクシーの中で、自分が珍しく緊張しているのがわかった。

「どんな若者だろうね？」私は妻に訊いた。

「素直な若者に決ってるじゃない」妻は嬉しそうに言った。

案内された部屋に入ると、松井選手はすでに到着していて、窓辺の椅子に座っていた。彼は私たちの姿を見つけると、すぐに立ち上がり、礼儀正しくお辞儀をした。日本人の若者が、それも礼儀正しい若者がする挨拶はとても好感が持てた。

「初めまして松井秀喜です。今日はお忙しいところありがとうございます」

「初めまして伊集院静です。妻のヒロコです」

「初めましてヒロコです。こんな席までお邪魔してすみません」

私と妻はそう言ったきり、しばらく次の言葉が出なかった。

二人とも胸の中で思っていたことは同じだった。

――なんて大きな身体なんだろう！

その大きな身体を申し訳なさそうにちいさくして、松井選手は妻と握手していた。

今、思い出しても、その日の出逢いがどんなに素晴らしい時間であったことか。そこで聞いた彼の言葉と、謙虚で品格に満ちた態度が、その日以降の私の人生にいかに大きな力と勇気を与えてくれただろうか……。

対談は松井選手の少年時代の話からはじまった。

「野球は何歳ぐらいからはじめたの？」

「僕の記憶にはないんですが、父が言うには二、三歳くらいの時には父とキャッチボールをしていたらしいんです。それから兄が野球をやっていたので、そのチームに入れて貰いました。町の少年野球チームですね。ところが僕はまだちいさくて足手まといになってたらしいんですね。それでコーチが無理だからってやめさせられたんです。そのことがくやしくて少し大きくなってからもそこのチームには入りませんでした。十歳になった頃、クラスメイトがそのチームにいて、コーチに僕を入れて欲しいって頼んでくれたんです。そうしたらコーチが入ってくれって言ったので、それでまたはじめたんです」

「じゃ、そのクラスメイトが助言してくれなかったら野球はしなかった？」

「そうかもしれませんね」

対談の後日に知ったのだが、松井選手の母親が彼のことを、少年の時から一度こうだと言い出したらやめない子供だった、と述べている。やがて中学校に進学し、彼は野球部に入り、そこで野球のとりこになる。同時に野球もどんどん上達して行く。その中学二年生の時、私にとってとても印象的な出来事が起きる。それは松井家の夕食での出来事である。父親が息子の悪い処を叱り、息子が素直に謝った。どこの家でも見かける光景に思えるし、同じようなことは私にも経験があるが、松井親子は違っていた。それでも当時私はそのエピソードに対して半信半疑だった。それで事をただそうと質問した。

「君の周囲の人から聞いた話なのだけど、君は人の悪口を一度も口にしたことがないそうだね？」

「野球選手になろうと決めてからは一度もありません」

私は少し口元をゆるめて（たぶん笑っていたのだろう。妻があとでそう言った）もう一度同じ質問をした。

「一度も人前で人の悪口を言ったことがないの？」

「はい、ありません」

彼の目は真剣だった。しかも気負いがあるような口振りでもなかった。ごく当たり前のように、彼はそう断言したのだ。私は思わず、少し離れた場所で私たちの話を聞いている妻の顔を見た。妻は驚いたようにうなずいていて、目でゆっくり私に語った。

——その若者は真実を話しているわ。

私たちの対談を見守っていた雑誌の編集長もカメラマンも同じように驚いた表情をしていた。

「どうしてそうしているの？」

「父と約束したからです。中学二年生の時、家で夕食を摂《と》っていたんです。僕が友だちの悪口を言ったんです。すると父が夕食を食べるのを中止して、僕に言ったんです。人の悪口を言うような下品なことをするんじゃない。今、ここで二度と人の悪口を言わないと約束しなさいと……。それ以来、悪口は言ってません」

私はその話を聞き終えて、もう一度彼の顔を見た。彼は少し恥ずかしそうに言った。

「実はその夕食の席で、どんなふうに友だちの悪口を自分が言っていたかをまるで覚えていないんです」

正直な若者だと思った。

「先生も本の中に、人を中傷するような文章はいけないと書いていらっしゃいました」

「それは文章の中でのことです。ペンは武器より強いですからね。ただ権力にむかっては別です。それと誤解のないように言っておきますが、私は妻の前では人の悪口をよく口にして叱られます。ところで松井君は悪口を言いたい時はないのですか。例えば君のバッティングフォームについてけなされた時とか……」

「言いたい時は……」そこでしばらく黙った後、「山ほどあります」

そう言って彼はニヤリと笑った。た。それでも私には初対面その若者が、十一年間、人前で他人の悪口を一度も口にしていないことは信じられに私は自分が興味を持ったことを質問した。さら

「君は入団の発表の場で、同時期に入団した五人のルーキーがそれぞれ抱負を述べる時、他のルーキーは憧《あこが》れる選手のようになりたいとか、具体的な目標の成績を口にするのに、どうして君だけが、子供たちが野球場に見にきてくれるような選手になりたいと言ったのですか？　その気持ちは今も変わらないの？」

「今も少しも変わっていません。僕が子供の時、阪神タイガースの掛布《かけふ》さんを見て、野球に魅力を感じて、こうしてずっと野球をしたように、僕のプレーを見て子供たちが同じように思ってくれればと思います」

「それは充分に果たしていますよ」

私の言葉に彼は照れたように笑った。なんて美しい笑顔だろうと思った。彼の子供たちへの想いが、毎日、グラウンドに出て、毎試合プレーをすることで連続試合出場の記録となっていた。

私はこの対談で、大胆な質問をしていたことを数年後に気付いた。

ひとつは神の存在についてである。これは彼はきっぱりと神の存在を肯定した。

もうひとつは、その時はまるで私も意識していなかったが、こう質問した。

「将来、メジャーリーグでプレーしてみたい気持ちはあるの？」

「う〜ん」彼は黙ってしまった。でも私はさらに「むこうの手強《てごわ》いピッチャーのボールを打ってみたいとは思うの？」

「それはプレーヤーとしてはあります。チャンスがあればやってみたいなという気持ちは、正直あります」

この時、松井選手は初めて公の席でメジャーへの気持ちを口にした。

「メジャーで好きな打者はいるの？」

「ミッキー・マントルが好きでした」そこで私は質問をやめた。当時日本のジャイアンツファンは二千万人いると言われていた。その人たち全員が松井選手の大ファンであるのを私は知っていた。彼等を敵にすることはないと思った。しかし後日、私が松井選手にした質問のことで、私はジャイアンツサイドからやわらかい抗議を受けた。

対談が終り、妻は松井選手と記念写真を撮って貰い、気難しい犬の写真にサインまでして貰った。「アイス君へ　東京ジャイアンツ松井秀喜」とサインのある写真は我家の宝物になった。

その夜、私と妻はひさしぶりに二人だけで行きつけの鮨屋《すし》へ行った。

「私、感動しました。あんな素晴らしい若者がまだ日本にいたんですね。この国は大丈夫ですよ」興奮して語る妻を見て、鮨屋の主人が言った。

「どうしたんですか、奥様。まるで恋をしたみたいな言い方ですね。そんな素敵な人に逢われたのですか」

「はい。今日、東京ジャイアンツの松井選手に逢ったんです」

「それは良かったですね。私も松井選手を球場で見ましたが、あの人は特別だ。他の選手とはまるで違います」普段は無口な主人が大声で言った。

それを聞きながら、あの人は特別な人だ、と言う主人の言葉を私は胸の中でくり返していた。

鮨屋を出て私たちは路地を歩き出した。夏の月が浮かんでいた。その月を見上げて妻がぽつりと言った。

「今日は松井君にたくさん教えられたわ。その上、なんだか元気が出てきちゃった」月にむかって両手を振っている彼女の気持ちがわかる気がした。

五　父と息子のキャッチボール　母の洗ったユニホーム

時折、私の下に子供たちをどう育てたらよいのだろうか、と相談にくる若い父親と母親がいる。彼等に共通して言えるのは、子供に対する愛情が他のどの親よりも強く、できうれば自分たちの子供に幸福な人生を送って欲しいと願っていることだ。

「伊集院さん、やはり学校の勉強をしっかりさせることなのでしょうね」

優秀な学業を身に付け、優秀な学校を卒業させて社会に出すことが、子供の将来に役立つことがちゃんとわかっているのだ。

「それはそれでいいでしょう。どんな学校に行かせるかを決める前に、ひとつだけあなたのいとしい子にさせて欲しいことがあります」

「何でしょうか？」

「何かスポーツをやらせなさい」

「怪我をしませんか」

「怪我をせずに大人になった人はいません」

「どんなスポーツがいいのでしょうか」

「スポーツなら何でもかまいません。でもできることなら……」

「できることなら何でしょうか？」

「できることなら団体スポーツをさせなさい」

「どうして団体スポーツがいいのですか」

「団体スポーツをすると、友人ができます。そして自立心が育ちます」

「団体スポーツの中で何か、これがいいと思うものはありますか」

「野球をさせなさい」

「どうして野球なのですか」

「それは野球をさせてみればわかります。あんなに素晴らしいスポーツを私は他に知りません。キャッチボールを知っていますね」

「はい」

「キャッチボールは会話なんです」

訪ねてきたのが父親なら、「息子さんとするキャッチボールがどんなに素敵か、やってみればわかりますよ」と私は笑って言う。

訪ねてきたのが母親なら、「息子さんの泥だらけのユニホームを毎日、洗っておあげなさい。穴が空いていたら縫ってあげなさい。泥も、穴もあなたの息子さんが何かと戦っている証《あかし》しですから……」

私の助言に従って、一人の少年が何年間かずっと野球をしてくれて、その結果彼がベンチを温めただけの選手生活であっても、スター選手となって活躍した同級生の何十倍もの素晴らしいものを得る。その得たものが何であったかは、すぐにはわからない。しかしその時の経験が、後にその人の人生に大きな力となる。私は少年時代にずっとベンチを温めていた人で人生の成功者になった人を大勢見てきた。いやむしろスター選手なんかより、彼等は確実に立派な大人になり、誇るべき社会人になっている。

ほんの十数年前まで、日本人の大半の父親が好きなスポーツは野球だった。一億二千万人の四分の一、三千万人近い男女が野球のファンだった。そのうちの何万人、父親がいるのかは知らないが、野球好きの若者が結婚し、息子を授かった日、彼等は我が子の澄んだ瞳《ひとみ》と、男の子らしい指を見て、こう呟く。

「この子といつかキャッチボールができる日があるだろうか」

その日を夢見て、父親は懸命に働き、まだよちよち歩きの息子の手にボールを持たせ、可愛いグローブを与え、愛する息子と遊ぶのだ。やがて息子が一人で歩きはじめると、父親は息子の手を引いて、週末の夜、野球場に出かける。星空の下、カクテル光線に浮かび上がった芝生がどんなに美しいかを息子は見る。そして、それ以上にダイヤモンドの中でくりひろげられる野球というスポーツの魅力を知ることになる。

どんなに仕事が辛《つら》くとも、親たちが子供の澄んだ目を見れば力が出てくるように、贔屓《ひいき》のチームが素晴らしいゲームをしてくれれば、頑張ろうという力が湧いてくる。野球はそういうスポーツなのだ。大勢の日本の父親がそれを知っている。

今、日本には十一都市に十二の球団がフランチャイズとしてある。それぞれの球団を父親と息子が、時には祖父を含めて、生まれ育った街のチームとして応援している。勿論、野球好きの祖母も母親も娘も含まれる。その日本の野球ファンの合計が推定で三千万人と言われている。たいした数字である。贔屓のチームが負けた翌日の朝の会議で上司の機嫌がひどく悪いということは日常茶飯事である。贔屓のチームが連敗を続けると、鬱病《うつびょう》になる人もいる。

十一都市のフランチャイズと書いたが、日本のフランチャイズはなかなか根付かない。それが日本のプロ野球が創設されてからの最大の問題だ。その原因はどこにあるのか？すべては東京ジャイアンツにある。信じられないことだが、三千万人の野球ファンの内、ジャイアンツファンが二千万人を超えているのだ。これはほとんど偏向であるが、神話でもある。ジャイアンツは日本のプロ野球の草創期からのチームであり、これまでで最多の優勝数を誇り、常に日本一になることを要求されているチームである。これはヤンキースとまったく同じ立場にあると言っていい。私が少年時代、野球少年のほとんどがジャイアンツのロゴマークの入った帽子を被《かぶ》り、大人たちのほとんどは酒場でジャイアンツのゲームの話とスター選手の話をしていた。今でこそジャイアンツの人気は衰えてしまっているが、それでもファンの数はナンバーワンである。

私が初めて松井選手と逢い、この若者の内面にある素晴らしいものに驚き、感動した夏は、まだジャイアンツ神話は衰えていなかった。二千万人を超える熱狂的なジャイアンツファンにとって、彼等のトップスターは監督をしていた〝ミスター・ジャイアンツ〟こと長嶋茂雄で、彼が手塩にかけて大打者へと育てつつあった松井秀喜だった。つまり二千万人のファンが松井選手のホームランと、彼のプレーを誇りにしていたのだ。

対談をした雑誌が発売されると、馴染《なじ》みの酒場で人に逢うとこう言われた。

「松井と逢ったんですってね。羨《うらや》ましいですね。それでどんな若者でしたか？」

「松井は今年、三冠王を獲《と》る自信があると言ってましたか？」

「今度、松井のサインを貰ってきてくれませんか？」

逢う人ごとに松井選手のことを訊かれた。誰一人、その月に出版された私の小説の話をしてくれる者はいなかった。五年もの歳月をかけて書いたというのに……。

それでも私は上機嫌だった。ひそかな楽しみがひとつできていた。

あの日、対談を終えた後、私は彼に質問した。

「読書は好きなの？」

「はい、子供の時は好きでした。でも野球をやりはじめてからはなかなか本を読む時間がなくて……。あの、訊いてもいいですか」

「何でも訊いてくれよ」

「伊集院さんは大学生まで野球をやっていて、どうして小説家になれたんですか。野球をやっている時も本を読んでいたんですか」

「たくさんは読まなかったけど、本は好きだったよ。私が本を読んでいると母親が機嫌が良くてね。どうして、そんな質問をするの？　本は好きなんだろう」

「ええ読書はいつも何かを自分に与えてくれます。いつかゆっくり本を読める時間が来るといいとは思いますが」

「野球を退《や》めたら、やはりコーチや監督になるのかい」

「そうはしないと思います。今は退めた時のことは何も考えてません。……そうだ。何か本に関する仕事なんかもいいかもしれませんね」

「いいね。元スーパースターが今は図書館員ってのも」

「図書館員？　そんな仕事があるんですか」

「どうだろう、オフになったら少し本を送ろうか。私の本ではないよ。この本を読んでおけば将来のためになるような本を……」

「本当ですか」

「ああ、約束しよう。そのかわりちゃんと読むんだよ」

その年のオフシーズンが近づくと、私は松井選手に送る本のリストアップをはじめた。これが思ったより難しかった。どんな本がいいのだろうか。あの日、彼がフジ子・ヘミングという世界で活躍している耳の不自由なピアニストの自叙伝を読んでいると聞いたので、まずは自伝、評伝の類《たぐ》いを数冊選んだ。太平洋戦争の時に、戦争反対の主張を貫いた元外務大臣、広田弘毅《ひろたこうき》の評伝（城山三郎《しろやまさぶろう》『落日燃ゆ』）。つつしみ深い生涯を貫いた国鉄総裁、石田禮助《いしだれいすけ》の評伝（城山三郎『粗にして野だが卑ではない』）。イギリスの宰相、ウィンストン・チャーチル伝（『チャーチル自伝』）。小説は広島の原爆の悲劇を描いた井伏鱒二《いぶせますじ》の『黒い雨』。モーパッサンの短編集。藤沢周平《ふじさわしゅうへい》の時代小説。詩集も一冊入れることにした。読めるんだろうか？　と思ったが、読書は少し読み難《にく》くとも読むことに意味があると、自分が学生の時に先生から教えられた言葉を思い返して送ることにした。

松井選手から本の礼の電話があった。「一年かかってゆっくり読めばいいんですよ。来年のオフシーズンには、その読んだ本の話を少ししましょう」「えっ、じゃ、ちゃんと読まなくてはいけませんね」「そうです。文学の授業と思って下さい」

次の年、ジャイアンツは優勝を逃がした。松井選手はタイトルこそ獲れなかったが、ほとんどの打撃部門でベストスリーに入っていた。

翌シーズンはジャイアンツにとって素晴らしいシーズンとなった。開幕から松井選手も順調で、ジャイアンツはリーグ優勝し、日本シリーズにも勝利して日本一となった。松井選手は本塁打王（四十二本）、打点王（百八点）の二冠にかがやき、二度目のＭＶＰに選ばれ、ベストナイン、ゴールデングラブ賞にも選出された。この年、名実ともに松井は日本一のスラッガーとなった。シーズンを通して、我家では妻が松井選手がホームランを打つ度に大喜びをしていた。

六　挑戦者たち　野茂　イチロー

私たち夫婦にとって松井選手の出現は二人きりの家に妖精《ようせい》（少しばかり身体の大きな妖精だが）が飛び込んできたようなかがやきがあった。二〇〇〇年のシーズンは松井選手がホームランを打つ度に、私たちは声を上げて飛び上がり、夕食にはお祝いのワインを飲んだ。

このシーズンだけで四十二本のワインが空いた。ジャイアンツが日本シリーズに勝利した時、松井選手にとって特別な人である長嶋監督を顔をくちゃくちゃにして胴上げする松井選手の顔がテレビに大映しになった。松井選手は日本シリーズでＭＶＰを獲得した。

東京、銀座での凱旋《がいせん》パレードには三十六万人の人が押し寄せ、紙吹雪が舞った。そのシーズン、松井選手は惜しいところで三冠王を逃がした。

その年のオフシーズンの話題はジャイアンツでも松井選手でもなく、パシフィックリーグのナンバーワンのプレーヤーであったイチローのメジャーリーグへの移籍だった。

イチローは日本プロ野球の奇跡だった。彼は入団して二年間、マイナーリーグで首位打者になっていながら、一軍で常に起用して貰えなかった。その理由は彼のあの変則に見えるバッティングフォームにあった。当時の一軍の監督があのフォームを拒絶し、彼をあまり起用しなかった。三年目、一九九四年に監督が交替し、その監督はイチローの天才的な打撃センスを見抜き、レギュラーに抜擢《ばってき》した。そこからイチローの驚異的なプレーがはじまった。

シーズン中に打率は何度となく四割を超えて、日本人で初めての四割打者が誕生かと騒がれた。そしていまだ誰一人として達成できなかったシーズン二百本安打をイチローは楽々と達成し、首位打者となり、MVPを獲得した。それから七年間、首位打者の座を誰にも明け渡さず、三度のMVP、七度のベストナイン、ゴールデングラブ賞にかがやいた。もはやイチローのプレーする場所はメジャーしかないと囁《ささや》かれていた。本人もそれを希望し、メジャーへの足がかりを探していた。この年、メジャーに移籍してすでに六年目になる野茂英雄《のもひでお》が日本人プレーヤーとして四球団でプレーし、デビューの年にはナショナルリーグ新人王、奪三振王のタイトルを取り、通算六十三勝を上げていた。その独特の投法は〝トルネード〟と呼ばれ、確固たる地位についていた。日本人のメジャー挑戦は一九六四年に村上雅則《むらかみまさのり》がサンフランシスコ・ジャイアンツに入団したのが最初で、野茂は村上以来、実に三十年振りのメジャー挑戦だった。翌年から次々に日本人プレーヤーの挑戦がはじまったが、七人の選手はすべて投手だった。メジャーリーグの投手不足ということもあったが、野手は言葉の問題やパワー、スピードの面などで問題があるとされていた。

そのすべての問題をイチローならクリアーできるとメジャーのスカウトは判断し入札制度で、前年に佐々木主浩《ささきかずひろ》投手を入団させていたシアトル・マリナーズがイチローを獲得した。同じくニューヨーク・メッツに新庄剛志《しんじょうつよし》が入団した。イチローの入団で日本のマスコミがメジャーへの報道をいっせいに加速させ、NHKはメジャーの試合のテレビ中継を前年の倍にすると発表した。

イチローの入団発表が大々的に報道された翌日、タブロイド判の夕刊各紙上に早くも、〝二〇〇三年松井秀喜、メジャー挑戦〟という大見出しが出た。記事は本人のコメントを取っているものではなかった。記事の根拠は二〇〇二年で松井選手が入団十年目を終え、FA権を行使できるようになるからというものだった。記事が暴走するのを抑えるために松井選手はマスコミにコメントしなくてはならなかった。

「メジャー挑戦ですか？　そんなこと考えたこともありません。イチローさんはイチローさんですから。メジャーでも頑張って欲しいです。あの人ならできるでしょう」

　この日から松井選手のメジャー挑戦への動向にマスコミと、ジャイアンツの母体である讀賣《よみうり》新聞を中心とした讀賣グループが神経をとがらせることになる。同時に他球団もメジャーへの選手の流出を防ぐために防衛策を考えはじめた。そのひとつが、選手との多数年契約となってあらわれた。それまで日本野球の契約はほとんどが単年だった。球団は多数年契約のリスクを負いたくなかった。

　そのオフシーズン、ジャイアンツは松井選手との契約交渉にあたって、多数年契約を申し出た。しかし松井選手はそれを拒否し、単年契約をした。そのことでまたマスコミが松井選手のメジャー挑戦を視野に入れた契約ではないかと騒ぎ立てた。それでも契約更改の後の記者会見で松井選手は言った。

「来年はチームの二連覇を目指して懸命にやるだけです」マスコミは彼の言葉を記事にした。ジャイアンツファンはそれを読んで胸を撫《な》で下ろした。

　その年のクリスマス前夜、私たち夫婦は松井選手と東京・神楽坂《かぐらざか》にある鮨屋で食事をした。その夕食は私から妻へのクリスマスプレゼントだった。そのシーズン、妻は松井選手がホームランを打つ度に、彼の部屋のＦＡＸに祝いのメッセージを送っていた。時折、松井選手からお礼の電話が入ったりしていた。二人はとても仲が良さそうだった。週に一度、癌を患っていた父親を見舞いに実家に行っていた彼女にとって松井選手の活躍は何より力になるものだった。義父は昔からのジャイアンツファンで、松井選手の大ファンだった。父と娘は二人してジャイアンツのゲームをテレビで観戦し、松井選手が打つと二人とも大喜びをしていると、病院の看護婦が私に教えてくれた。いろんな人が松井選手によって勇気を与えられていた。勿論、私もその中の一人だった。

その夜、鮨屋のカウンターで妻は松井選手と楽しそうに話しながら、日本酒を酌み交わしていた。彼女はまるで少女のようだった。松井選手も少年のように笑っていた。

「ねえ、いつか機会があれば皆で行きましょうよ。ねえ、あなた」

妻が私に言った。

「どこに行こうというの。松井君はとても忙しいよ」

「でもぜひ行った方がいいと思うわ」

「どこに行くの？」

「インドです」

「インド?」

「ええ、マザー・テレサの家に皆で行ってボランティアをしましょう。それでね、松井君、テレサハウスにはいくつかの病棟があって〝死を待つ人の家〟とか……」

妻はマザー・テレサを尊敬していて、いつかインドに行き、そこで奉仕をしたいと常々口にしていた。

「君、そんな話は松井君に迷惑だよ」

私は言った。すると松井選手が言った。

「いいえ、そんなことはありません。でも僕には医療の経験もありませんから……」

「大丈夫なの。できることをすればいいの。私ならベッドの掃除とかシーツを洗濯するとか。松井君のように力持ちの人は薪《まき》を割るとかね……」

妻の言葉に松井選手はニッコリと笑って、言った。

「それならできますね。それは素晴らしいことだ。ぜひ連れて行って下さい。伊集院さんも行きましょう」

松井選手の目がかがやいていた。計画に賛同してくれた彼を見て、妻は娘のようにうなずいていた。正直、私は彼の素直さに驚いていた。私がマザー・テレサの家に行くだって？　考えたこともなかった。

この若者が牙《きば》を剝《む》き出して襲いかかる日本の投手をひと振りで打ち砕いてしまう日本でナンバーワンのスラッガーとは思えなかった。松井選手がそこにいるだけで周囲の空気がなごみ人を安堵《あんど》させた。

「この魅力はいったいどこから生まれたのだろう？」

私は松井選手に逢う度に、彼のおおらかで、人を包みこむ力に感動していた。

七　「当たり前のことをしただけです」

誰もが松井選手に魅せられる、その魅力はどこから来ているのだろうか。私はその理由を考えた。彼がスター選手だからか？　いやそれは違う。私はこれまで大勢のプロ野球のスター選手と逢ってきた。高校の野球部の同期でプロ野球選手になった者も多かったし、大学の野球部の親友はジャイアンツにドラフト一位で入団し、プロに入って活躍した。彼等を通じて何人かのスター選手と逢い、話を聞いたこともある。それまで逢ったプロ野球選手とは松井選手はまるで違っていた。

人一倍礼儀正しいからか？　たしかにプロ野球選手の大半は態度が横柄なところがある。それは彼等が若い時からスター選手としてちやほやされていたことが最大の理由で、彼等が社会を知らないからだ。礼儀正しいプロ野球選手も何人かはいる。

では松井選手がプロ野球のスター選手ではないと想定して、同じ年の若い人たちと比べてみよう。若くて礼儀正しく、素直な青年は私の周囲にたくさんいる。そんな彼等とは松井選手はやはり何かが違っているのだ。それが知りたくて、私は時間をかけて、松井選手の担当記者に彼のことを訊いてみることにした。

一人のベテラン記者は言った。

「これまで何千人というプロ野球選手を見てきましたが、松井は特別ですね。デビュー当時は、そこらのルーキーと変わらなく見えました。それが年毎に、彼の野球の力が向上して行くに連れて、この選手はこれまでのスター選手とは根本的に何かが違っていることに気付きはじめたんです。時々、話をしていて自分が教えられている気がすることがあるんです」

「教えられることは野球についてですか」

「いや、そうじゃなくて人間としての在り方みたいなものです。変でしょう。自分の孫くらいの若者にですよ。いや松井は将来素晴らしい選手になると思いますよ。今でも充分にスゴイのですが……」ベテラン記者は笑いながら言った。

若い記者の感想は違っていた。「松井ですか。遅刻するわ、ちょっと若い綺麗《きれい》な女の子の話をすると、どこ？　どこにその子はいたのって、人なつっこいし、本当に友だちみたいに感じる時があります。でも一番は僕たちに平等に接してくれるところですね。選手も人間ですから記者に対して好き嫌いも出ると思うんですね。そういう個人的な感情で彼は絶対に取材を受けません。だから安心なんですよ。他社にスッパ抜きの記事を書かれることがありませんから……」そう言って若い記者はウィンクした。

若い記者の何人かと逢った後、彼等と酒場に行った。私はスポーツ、特に野球を題材にした小説を何作か書いて、それが運良く売れて、記者の中には私の小説を読んでくれていた人もいたので、彼等も私と話すのを望んでいた。夜が更けて、そろそろ酒場を立ち去ろうとした時、一人の記者が、「松井って他の選手とまるで違うんです」とぽつりともらした。

彼は少し酒に酔っているようだった。「何が違うの？」私は訊いた。

「この話、他でしないと約束してくれますか？」彼は私の顔を見た。

「約束するよ」

「あれは二年前のオールスター戦でした。松井はゲームで活躍してオールスターの第一戦でＭＶＰに選ばれたんです。そのＭＶＰには何百万円かの賞金がついていたんです。ちょうどあの頃、一人の少女の話が松井の耳に入っていたんです。その少女は生まれつき心臓に病気があって、日本の医学じゃ治らなくて、放っておけば半年で死ぬって言うんです。でもアメリカに連れて行って手術すれば治る可能性があるらしくて、両親はそうさせたいんですが、手術費と親の滞在費を合わせると膨大な費用がかかるんで、両親は寄附を求めて路上で訴えたりしていたんです。それを知った松井はその金を両親に持って行ったんです。それも自分の名前は告げず……。何人かの記者がその話を知って、記事にしたいと、松井に申し出たんです」

「どうしてすぐに書かなかったの？」

「だって松井が自分の名前を伏せてるんですよ。それにさっき話したように松井は記事の平等性をいつも気にかけてくれているんです」

「それでどうなったの？」

「松井は、記事にしないでくれって言うんです。どうしても記事にしたいのなら仕方ないが、できれば記事にしないで欲しいって……。別に悪いことをしたわけではないし、いいじゃないですかって、私たちも喰《く》い下がったんです。すると彼は言ったんです。野球選手なら誰だって困っている人がいたら、それも子供だったら、誰もが助けてやりたいと思うんだ。それがいろんな事情で金を出せないのだと思うんだ。たまたま僕は独身で、お金には困っていないし、思ってもいなかった賞金が入って、それを出しただけなんだ。それをわかって欲しいんだ、ってね。そう言われて皆、松井はいつもそんなふうに考えてんだ、と感心したんです」そう言ってから若い記者は私に訊いた。

「伊集院さんは野球選手が皆、松井みたいに考えてると思いますか？」

私は笑って首を横に振った。

「いい話をありがとう。この話は誰にもしないよ。でも良かったね、松井選手の担当記者になって」

「はい、幸運だったと思ってます」

（このエピソードを書いたのは松井選手がメジャーに行った時、少女とこの話がテレビで紹介され、日本中に知られることになったからだ。）

その記者と握手をして別れようとすると、彼が真剣な目で言った。

「伊集院さん、松井はメジャーに行くと思いますか？」

その年、マリナーズに入団したイチローがデビューから大活躍をしていた。日本のマスコミは翌年、ＦＡを獲得する松井選手の去就を記事にしはじめていた。担当記者にとって、それは一番の関心事だった。

「君はどう思う？　行った方がいいの、それとも日本にいた方がいいの」

「個人的にはイチローがあれほどやれるなら、松井はもっと活躍できると思っていますから、松井の野球がメジャーで通用するかどうか、見てみたい気持ちがありますよ。けれど松井がメジャーに行ったら、日本のプロ野球はどうなってしまうんですか。ジャイアンツ戦の観客だって半分に減ってしまいますよ」

「松井選手はどう言ってるの？」

「今、松井にメジャーの取材をすることはいっさい禁止です。僕たちにも正直、よくわからないんです」

「なら彼にもまだ何もわかっていないんじゃないかな」

私は記者たちと別れて、もう一軒酒場に寄った。そこのバーテンダーは大のジャイアンツファンだった。その年、ジャイアンツのチーム成績は良くなかった。

「今年のジャイアンツはどうなんだろうね。負ける度に俺が不機嫌になるから女房も不機嫌でね」

私はバーテンダーの愚痴を聞きながら、先刻の記者の話を思い出していた。賞金を少女の治療費として贈ったことを松井選手は公表して欲しくないと言った。記者の話を聞かなければ知らない話だった。

　私は、自動車メーカーのホンダの創設者である本田《ほんだ》宗一郎《そういちろう》氏と同専務の藤澤《ふじさわ》武夫《たけお》氏の或《あ》るエピソードを思い出していた。本田はちいさな町工場で二輪車の製造から企業を起こし、〝世界のＨＯＮＤＡ〟と呼ばれるまでの会社に育て上げた。ホンダの強味は技術にあった。トヨタ、日産と古い自動車メーカーを相手に新規のホンダが参入し、市場を開拓できたのは、購買者の側に、あの技術がしっかりしたホンダなら車も素晴らしいに違いない、と思わせたからだ。日本人は本田宗一郎という人間の実直さを知っていた。

　会社が大きくなってからも、ホンダはさまざまなチャリティーに金を注いだ。それは本田宗一郎の考えからくるものだ。客から得た金は客のために使え。宗一郎はいつもそう話していた。ここまでの話なら日本人は皆知っている。私が思い出していた或るエピソードとは次のようなものだった。一九六〇年、日本全国の理工系大学の研究者たちを対象に、奨学金を支給する会がひっそりと発足した。奨学金は「科学技術教育の振興に参与するため、研究助成、研究者の海外派遣、寄附、援助」を目的に設立された。対象は大学で機械、電気、数学、物理、材料工学などの研究にたずさわる若い研究者だった。当時、日本はまだ貧しく、国が若い研究者に助成する力がなかった。若手の研究者の月の給与が三万円の時代だ。彼等に月に一万五千円が支給された。その上奨学金を貰《もら》っても研究内容の報告義務はなく、返済義務もなかった。若い研究者にとっては、〝科学の神様からの恵み〟だった。会は日本が豊かになる一九八三年までの二十三年間、金を援助し続け、一九八三年に「豊かな時代となり役目を終った」と残った基金を学術振興会と病院に全額寄附し解散した。二十三年間で千七百三十五人の研究者がその恩恵にあずかった。その研究者たちから日本の名だたる科学者が誕生し、数々の研究成果があった。

この〝神様の恵み〟にはひとつ謎があった。基金の拠出者の名前が完全に秘密にされていた。同年、この基金の恩恵を受けた人々が会の二十三年間の歴史だけでも後世に残そうと報告書を作成しはじめた。そこで初めて若い研究者の神様が、ホンダの社長の本田宗一郎と同社専務の藤澤武夫だと判明した。二人は個人の資産から二十三年前の金で六億円を出していた。このことがマスコミにあきらかになると、それを聞いた人々は、さすがはホンダと感心した。

善行をするのに何かを得ようとしてはいけない。善い行為をしたことを人に話したり、公にすることを潔しとしない。例えば駅のプラットホームから子供が線路にあやまって落ちた。それをすぐに線路に飛び降りて子供を救助した男がいた。周囲の人はそれを見ていた。男は何も言わずに立ち去った。子供の両親は男に礼を言いたいとマスコミに訴えたが、男はいっこうにあらわれない。二〇〇六年の夏にあった話である。

「いい男がまだいるんじゃないか」酒場で人々は男の話をする。

「男はああじゃなくちゃな……」彼等がそう口にする根底には、こういう考えがある。

〝大人の男として当たり前のことをしただけだ〟

その夜の酒の味は格別だった。私は松井秀喜という若者を少しは理解できた気がした。

バーテンダーが私に言った。「それにしてもメジャーでのイチローの活躍はスゴイね。松井がメジャーに行けばもっと打つんじゃないかね？」

「そう思うかね……」

「ああ思うね。でも松井はメジャーには行かないよ。ジャイアンツを見捨てる男じゃないもの」

「そう思うかね……」

私はバーテンダーの顔を見ながら立ち上がった。

八　「命を懸けて戦ってきます」

二〇〇一年、ジャイアンツは優勝を逃がした。松井選手も前のシーズンほどの成績を上げることはできなかった。二〇〇一年のオフシーズン、ジャイアンツにとって重大な出来事があった。監督の長嶋茂雄が退《ひ》き、次期監督候補だった原辰徳《はらたつのり》に交替した。

長嶋監督は松井選手にとっても特別な人だった。松井選手がドラフトで入団する時、くじ引きを当てたのも長嶋監督だった。日本の野球少年の大半がジャイアンツのファンなのだが、松井秀喜は少年の頃、ジャイアンツの長年のライバルである阪神タイガースの掛布のファンだった。彼の少年時代の写真を見るとタイガースの帽子を被《かぶ》っている。

長嶋監督によってジャイアンツに入団したことは松井選手の運命を変えたと言っていい。松井選手が日本で一番の打者と呼ばれ多くのファンができたのもジャイアンツというチームに入団したからだ。入団と同時に長嶋監督はルーキーの松井選手に徹底したトレーニングを要求する打撃コーチとなった。普通チームには打撃専門のコーチがいるが、長嶋監督は松井選手だけは自らがコーチをした。彼のコーチのやり方はスイングのシャープさを作り上げるのが基本だった。そのために彼は松井選手に徹底したバットスイングの練習を要求した。キャンプの間もしかり、シーズン中も松井選手はゲームが終った後、球場のトレーニング場で、帰宅した家でのスイング練習をするよう命じられた。深夜、突然、長嶋監督から松井選手の自宅に電話が入ることがあった。その日のゲームでのバッティングのアドバイスであったりした。これは後に、私が長嶋氏と対談した時、彼が言った言葉である。

「私が監督をしている時の九年間で、一番練習した選手は松井です。練習をしているかどうかはわかるんです。一ヵ月、二ヵ月一生懸命する選手はたくさんいます。調子が良くなると、彼等は練習をしなくなるんです。それではダメなんです。三年、五年、十年先の自分のバッティングがどうなりたいと思い描いて、それを信じて毎日欠かさず練習ができる選手でないと大成しないんです。松井はそれを唯一できた選手です。松井は器用と不器用で見ると、不器用な方の選手です。でも九年間、彼は一日も練習を怠らなかった唯一の選手でした」

「あなたは松井選手が夜も自宅でスイング練習をしているとどうしてわかったのですか?」私が訊くと、長嶋氏はニヤリと笑って小声で言った。

「夜中に電話をするんです。酒場に行って遊んでいたら周りの音ですぐわかるんです。松井はいつも息を切らして携帯電話に出てましたから……」

余談だが、四十年程前、ジャイアンツの母体である讀賣新聞社がロサンゼルス・ドジャースを招いて、日米野球の興行を打ったことがあった。その時のジャイアンツの主力打者が長嶋茂雄だった。当時のドジャースの経営者だったオマリーがジャイアンツのボスであった正力松太郎《しょうりきまつたろう》に夕食に招かれ、その席でオマリーが真剣に長嶋選手を二年か三年ドジャースに入団させて貰えないかと頼んだ。正力は「今長嶋を日本から出したら、日本の野球ファンは半分に減ってしまう」と言って断ったそうだ。それが実現すれば、長嶋選手はイチローより先に日本人初の野手のプレーヤーになるところだった。彼のバッティング理論は、或る意味、メジャーのバッティング理論に近かった。ボールを引きつけるだけ引きつけて、パワーで一気に振り切れ、というものだった。彼がこの理論を身に付けたのは、大学野球の時である。彼の監督だった砂押邦信《すなおしくにのぶ》がメジャーの打者の打撃フォームを研究し、その写真を何枚も見せていた。ちなみに私は長嶋選手の所属していた大学の野球部の後輩で、その砂押からも直接指導を受けた経験がある。砂押は〝鬼〟と呼ばれるほど厳しい人で私も必死で彼の要求するバッティングができるように練習した記憶がある。

長嶋は後進に道を譲ろうと何年も前から考えていた。それがなかなか実現しなかったのはジャイアンツの事情だった。長嶋茂雄がジャイアンツのユニホームを着てグラウンドに立つだけで球場は満杯になった。一九八〇年の最終ゲームが終了した日、ジャイアンツは監督としての実績が上がらない長嶋を突然、解雇した。その人事を聞いて、ファンは怒り出し、讀賣新聞の売り上げは落ち、観客動員数までが落ち込んだ。ジャイアンツは長い間、追放した長嶋を説得し、彼を迎えた年、長嶋監督はドラフトで松井選手を引き当てた。そして彼は松井選手を日本一の打者に育て上げた。前年、優勝して日本一になった時、長嶋は監督を後輩の原に譲りたかったが、観客動員数が減るのを心配するジャイアンツはそれを許さなかった。

監督が原に替わってもジャイアンツは長嶋に最高顧問の椅子を用意してアドバイザーとして残ってくれるように説得した。その理由のひとつに松井選手のメジャー挑戦をとめる役目があったとも言われた。

日本の野球ファンにとって、その年のもうひとつの注目はイチローだった。メジャー一年目のイチローの活躍は奇跡であった。打率三割五分で首位打者となり、盗塁は五十六（盗塁王）、二百四十二安打で新人の最多安打の記録を更新した。文句無しの新人王、ゴールドグラブ賞、シルバースラッガー賞に選ばれた。しかもその年のアメリカンリーグＭＶＰにかがやいた。メジャーリーグの放送をしていた番組は一気に視聴率が上がった。イチローの登場で日本の野球ファンはメジャーのパワーとスピードを知るようになった。

「メジャーの野球の方が日本の野球よりはるかに面白いぞ」

そう口にする人が増えた。当然、イチローの次に誰がメジャーに挑戦するかが注目された。

その年のオフシーズン、もうひとつ大きな動きが日本のプロ野球界にあった。選手の雇用条件、年俸の保障、移籍問題などを巡って、選手会が立ち上がり、オーナー、プロ野球連盟に抗議をはじめた。野球規約の改正を巡って、選手会が弁護士をともない、改善要求を提出した。それまで何度も同じ問題が話し合われたが最後まで選手が要求を通せなかった。選手の団結力がなかったせいもあり、メジャーでは当たり前とされる雇用条件が経営者側の強引なやり方で押し返されていた。ストも辞さずというところまで交渉はヒートした。日本の野球が組織も概念も変化する年を迎えていた。ストを覚悟した交渉の成果もあり、選手会はいくつかの改善を勝ち取った。

オフシーズンに入って、メジャーに挑戦したいと公然と口にする選手が出はじめていた。その中でも翌年、入団十年目が終了し、ＦＡの権利を獲得する松井選手の動向がマスコミの最大の注目になりはじめた。その最中にジャイアンツとの契約交渉がはじまり、ジャイアンツは松井選手に、多数年契約を受け入れるならと破格の金額を提示した。しかし松井選手は来季だけの単年契約を選んだ。そのことが余計に彼のメジャー行きをマスコミに書き立てさせた。契約成立時の記者会見で、その理由をマスコミに訊かれ、松井選手はこう答えた。

「一年、一年、背水の陣でシーズンを送りたい」


その年、私は何度か松井選手と逢う機会があった。

春先、私はフロリダのタンパにヤンキースのスプリングキャンプを取材に出かけていた。そこで私は面白い光景を見た。キャンプ初日のトレーニングが終った時、監督が全員を集めて何か訓示をしようとしていた。するといきなり一人の選手の名前が呼ばれた。周囲の選手が声を上げて手を叩《たた》いた。前に出てきた選手に監督が言った。「おまえは遅刻をした。ベースを一周走ってくれ」言われた選手は頭を掻《か》きながらベースを一周した。ジョークのようで、ジョークではない気がした。この監督の統率力はスゴイと思った。その監督が、松井選手にとってメジャーで最大の理解者となるジョー・トーリだった。

「松井君、ヤンキースのスプリングキャンプを見てきたよ」

「どうでしたか?」

「いや、素晴らしいチームだよ。規律がしっかりしている。あのトーリって監督は、メジャーナンバーワンだと思うよ」

そう言って、スプリングキャンプの様子を詳しく話した。

「そうですよね。ヤンキースって他のチームと違いますよね」

そんな会話を交わしていても、私には松井選手がメジャーに行くとは思えなかった。

私たちは逢っていても、野球の話をすることはほとんどなかった。ただ唯一、ヤンキースの話をしただけだと、今、この原稿を書いていて気付いた。そのオフシーズン松井選手はアメリカへ遊びに行き、ヤンキースタジアムでゲームの観戦をしていた。

レッドソックス戦のゲームで、松井は「ヤンキースタジアムはいいですね。なにか特別な雰囲気があります。オーラみたいなものがあの球場にはあるんですよ」と話した。

私はヤンキースタジアムで松井選手が何を見たのかはわからなかったが、いろんな野球の環境を見ることは彼の将来にとっても良いことだと思った。

松井選手の様子が少しずつ変わって行くのに、私は気付いていた。日本の野球に、今の野球に不満があるわけではなさそうだった。ただ松井選手に変化が確実に見られたのは、長嶋監督が引退してからだった。

——それでも二千万人近いファンを松井選手は見捨てることはできないだろう……。

松井選手を一番よく知っているファンたちもそう思っていたに違いない。

彼の周囲ではメジャーの話は厳禁になっていた。

そんな折、私は松井選手と二人で食事をした夜があった。それまではあまり見せなかった表情を彼が時折した。こころここにあらず、と言ったふうだった。

「松井君、ガールフレンドのことでも気になるのか」

「えっ、そんな顔をしてましたか?」

「少なくとも今、バッティングのことは考えてないだろう」

「それは言えます。でも何も考えてませんでしたよ」

「そうか……」

逢えば訊いてみたいということもなくはなかったが、今でも松井選手と何を話したか、記憶に残るようなことはない。世間話をしていたのだろう。メジャーと違って、日本のオフシーズンのスター選手は超多忙である。サイン会。ファン感謝デー。各賞の授賞式。テレビ出演。……すべてが球団からの要請とテレビ局の視聴率稼ぎのためである。そんな中で私が時間が空いているか？　と電話で尋ねると、いつでも空いてます、と彼は返答してくれた。担当記者にその返事のことを訊くと、松井に空いている時間なんかありませんよ、と笑って言われた。

今でも松井選手に、そのことは感謝している。

その年のクリスマス前にも、松井選手は妻のために時間を作ってくれた。いつもの鮨屋にむかう車の中で、私は妻に釘《くぎ》をさした。

「いいね。メジャーに行くかどうかなんて絶対に訊いてはいけないよ」

「わかったわ。それでヒデキさんはメジャーに行きたいの？」

彼女の言葉を聞いて運転手がバックミラーで私たちを思わず見たのがわかった。

「だからメジャーの話題はダメなんだ」

「あらダメになったの。どうして？」

「……」

鮨屋で軽い食事をして、松井選手と別れた夜、妻が私に言った。
「何か変わったわ、ヒデキさん。これまでの彼と違うわ」
「何が違うんだ？」私は妻に訊き返した。
「どこか遠くを見ているというか？　ふとした時に一人だけ違うものを見ているような表情をするの」私は気付かなかったが、彼は何かを考えていたのかもしれない。
「私にはわかるもの。一年に一度しか逢えないけど、私、どうしてヒデキさんがこんなに素晴らしい若者かをずっと見てきたんだもの。これってきっといいことが起きるのよ」霊感が強いと本人が言っている妻が断言するように言った。

一年が終ろうとする日、私は地方都市にいる松井選手を訪ねた。そこで少し私の考えていることを話した。彼は黙って私の話を聞いてくれていた。

（私は、人生には季節があることと、後悔しない選択の話をした。）

新しい年が明けて、故郷で正月を過ごす松井選手の顔がスポーツ新聞の一面に掲載されていた。

その一年はまたたく間に過ぎた。私は仕事が忙しくなり、一年の間の百五十日を海外の取材旅行に出かけていた。長い間、執筆していた小説が本になり、その小説が文学賞を受賞したり、新しい分野の小説にも挑戦した。家を空けることが多くなったので、妻は一匹の犬を飼いはじめた。私たちはその犬に誰からも愛されるように、〝愛す〟、英語ではアイスという名前を付けた。妻の手の上に乗ってしまうほどちいさく、物音がする度に身体を震わせていた犬は、ほどなく我家の主人になった。妻は懸命にアイスに躾《しつけ》を教え、私は妻が出かけた午後、初めてアイスと二人きりになった時、ソクラテスの美徳についての一節を読んでやった。それからこの犬は気難しい哲学者の態度をとるようになった。どうしてあの午後、松井選手とジータの写真を見せて、野球を教え込まなかったのか、今でも後悔している。

二〇〇二年の松井選手の活躍はめざましいものがあった。二〇〇一年もそうだが、彼はジャイアンツの不動の四番打者となり、全試合をフル出場していた。連続試合出場の記録は二〇〇一年の五月にすでに一千試合を超えていた。松井選手のプレーには目を見張るものがあった。私は松井選手を見ていて、長嶋前監督が言った、五年後、十年後にどんな打者になりたいかと思い描き、それを目指して練習ができる選手でないとダメなんです、という言葉が実現したのだと思った。

オールスターのファン投票では二年連続で最多投票を得た。百二十九万八千四十六人が松井選手を日本一のバッターと確信していた。ジャイアンツはセントラルリーグ優勝を果たした。

その年のリーグ優勝がほぼ確実になった時、私は松井選手に東京ドームに彼のプレーを見に行きたいと申し出た。私が東京ドームに行くのが初めてだと言うと、彼は驚いて切符を用意してくれた。

「ゲーム前のバッティング練習を見たいのだが……」

「かまいませんよ。ぜひ来て下さい」

ところがその日、午後から東京に何十年振りという大きな台風が来て、ゲームが中止になった。屋根付きの球場だから試合はできるのだが、大型台風は電車をはじめとした交通機関をマヒさせてしまい、私が球場に着いたと同時に中止になっていた。結果的にそのゲームがジャイアンツの東京ドームでの最終戦に組み直され、そのゲームで松井はプロ選手になって初めての五十号ホームランを打つことになった。

松井選手のバッティングを見ることができなかったかわりに、その夜、私は松井選手と二人で東京で一番賑《にぎ》やかな街に出た。通りは台風の襲来で人影がなかった。私は馴染みのちいさなレストランに行き、食事の後、古いビルの一角にあるバーに連れ立って行った。そのバーは私が売れない小説を書いていた時代、いつも酔いどれていた店だった。

「こんな店があるんですね」

彼は興味深そうに店を見回し、二人して酒を飲んだ。

私は隣りに座っているのがジャイアンツの松井選手ではなく、気ごころが知れた数少ない親友のような気がした。とても静かな夜だった。

松井選手と静かに過ごした夜に、一年前の夜の記憶が重なった。十時を過ぎた頃、仙台の家の仕事場で執筆していた私の下に妻が飛び込んできた。「あなたニューヨークのマンハッタンでひどいことが起きているみたい」

「ひどいことって何なの？」

「ビルに飛行機が突っこんで、大変なの。それも二機の飛行機が……」

「マンハッタンのビルに二機の飛行機が……」

私は筆を置いてテレビのある居間に行った。どのテレビ局もCNNのニュースを流していた。ビルがもうもうと煙りを上げて炎上していた。事故なのか、テロなのか、はっきりしなかった。やがてペンタゴンの近くに別の旅客飛行機が突っ込み、他に何機かが行方がわからなくなっているとの報道で、事件がテロの可能性が高いと判断されるようになった。ビルのひとつが崩壊した。逃げまどう人を映し出すテレビを見ていて妻は涙ぐんでいた。「なんてひどいことを、誰がこんなことを……」私はいくつかのアメリカと敵対しているテロリスト集団を思い浮かべた。フロリダにいたはずのアメリカ大統領の消息もわかっていなかった。

——戦争はこうしてはじまるのか……。

私はテレビを見ながら茫然《ぼうぜん》と、そう思った。その時から世界中に緊張が走った。マンハッタンのツインタワービルの中には仕事がはじまる時刻で数千人の人がいた。一般市民にこれほど惨《むご》いことをする戦闘集団が存在するのか？　私はその夜、朝までテレビの報道を見続けた。

罪のない人々を殺戮《さつりく》することが許されるはずがない。アメリカにこれほどの恨みを抱く人々がいるのか。敵はどこにいるのか。報道は混乱し続けた。テロリストの集団がビン・ラディン率いるアルカイーダの一派とわかり、二十七日後、アメリカはアフガニスタンへの攻撃を開始した。ＷＡＲ　ＯＮ　ＴＥＲＲＯＲＩＳＭのはじまりだった。

「また戦争がはじまったのね？　大勢の子供たちが死ぬのね」妻が言った。

「そうだな。若い兵士たちも死んでしまうんだろう。戦争がない時間なんて、この地球にはないね。どうしてこんなに人間は愚かなんだろうか」

二〇〇三年、アメリカはイラクのフセイン政権に宣戦布告ととれる宣言をし、イラク戦争がはじまった。いつもどこかで戦争をしなければ人間は済まないのだろうか。戦争はいつでも、街々が破壊され、広島、長崎のように大勢の市民が亡くなり、罪なき者の大量死と引きかえに終結するとわかっているのに……。

歴史を少し学んだものなら、地球上で起こった出来事を暗記するのに一番手っ取り早いのは、ひとつの戦争がはじまり終るまでを記憶すればいいことを知っている。なんて愚かな学習法だろうか……。

松井選手は本塁打、打点、得点、四球、出塁率でトップの数字を出し、打率こそわずかのところでタイトルを逃がしたが、素晴らしい成績で日本シリーズにむかった。ジャイアンツは四連勝で日本一になった。

二〇〇二年の十月三十一日、朝刊の見出しはすべてジャイアンツの優勝の記事だった。テレビは朝からジャイアンツの優勝のシーンと、その後の選手たちのビールをかけ合う騒ぎを映し出していた。二千万人のジャイアンツファンは何度もそのシーンを満足そうに見ていたに違いない。その朝、すでに松井選手は行動を開始していた。この日がＦＡの権利を獲得した日だった。ジャイアンツ球団代表、ジャイアンツの終身名誉監督の長嶋、原監督の三人に自分から連絡を取っていた。シーズン中から球団はじめ関係者が松井選手と折衝を重ねていた。「ここで君がチームを抜けるとジャイアンツにとって大きな戦力ダウンだ。いやそれだけではない。日本のプロ野球がおかしくなってしまう。何とか日本にとどまって貰えないだろうか」

松井選手はその話を黙って聞いていたと言う。

三十一日夜、松井選手は三人の相手に自分の気持ちを話し、「どうか自分の気持ちをわかって欲しい」と頭を下げた。すでに一部のマスコミはこの動きに感付いていた。

深夜、私の泊まっていたホテルに知り合いの報道カメラマンから電話が入った。

「すみません、夜分に。明日、午前十時に帝国ホテルで松井秀喜選手が記者会見をするそうです」

「そうか、わかった。ありがとう」

私は電話を切ってから、ホテルの部屋の窓を開けた。秋の雨が降っていた。

「松井君にとって大変な一日になるな……。よく一人で何もかも決心したものだ。今夜は、ぐっすり眠ってくれればいいが……」

日本中のマスコミがそこに集まったのではないかと思われるテレビカメラと取材陣の数だった。テレビでは速報が流れ出した。テレビの画面に出てきた松井選手の目は赤かった。一睡もしなかったのだ……。

「私、松井秀喜は今季取得したフリーエージェントの権利を行使いたしまして、来季よりアメリカ、メジャーリーグでプレーすることを望み、その道を選びました……」最初こそ声が緊張していたが、松井の口から出てくる言葉はすべてが完璧《かんぺき》だった。美しい日本語を、今、目の前で一人の若者が話している、と私は思った。

「日本のファンの方を裏切ることになるかもしれませんが……」

その言葉を聞いた時、そこまで言うことはないのだよ、と思った。でもそれが松井選手がどれだけ悩み抜いたかの証明に思えた。そして、あの言葉が出た。

「決断した以上は、命を懸けて戦ってきます」私はその言葉を耳にして、背中に戦慄《せんりつ》が走った。君はこの挑戦に命を懸けると言うのか……。これまで松井選手と何度も逢って、彼が本心でないことを口にしたのを一度たりとも耳にしていなかったから、彼の決心がそこまでのものなのか、と驚愕《きょうがく》した。日本中が大騒ぎになった。会見を聞いた人たちの誰もが、一人の若者が誠実に自分の決心を理解して欲しいと語った一言一言に感動していた。

——どうして彼はあんなふうに言って、自分を辛い立場に敢えて立たせるんだろうか。逆風に立つようなことを……。

というのが私の正直な感想だった。

九　戦後、日本がアメリカに送り出すもっとも美しい日本人

騒ぎの波はすぐに私の下にもやってきた。テレビ局、新聞社からの取材の申し込みが来たが、私はすべて断った。反対することはないにしても、両手《もろて》を挙げて賛同すれば迷惑をかける人も大勢いたし、松井選手のためには騒ぎを大きくしないことが一番良いことだ。けれどそんなふうになるはずはなかった。日本のマスコミの力は巨大である。誰かが正しいのはこちらだと声を荒らげて言うと、日本人はそれが正しいと信じ、そのまま世論となってしまう傾向がある。私は静観した。総じてマスコミの松井選手に対する反応は悪くなかった。それはこれまでの彼の姿勢、言動を好意を持って見ている人が多かったからだろう。何よりも記者会見の印象が良かった。

「今の若者が、自分の仕事に命を懸けているというのに感動しました」とテレビで話すコメンテイターもいた。初めが良ければ、すぐに逆方向の論旨を持ち出すのがマスコミであ

る。そうすれば私は戦ってやろうと思っていた。それくらいしか私が彼に恩返しができることはなかった。

その日の夜、松井選手から連絡があり、私は、いい記者会見だった、ということだけを述べ、これから早くベッドに行って充分睡眠を摂ることだと言って電話を切った。

二日後の夜、宿泊しているホテルに電話が入った。昔、何度か仕事をした編集者で、今は日本で一番売れている週刊誌の編集長だった。

「伊集院さん、松井の記事を書いて貰えませんかね」

「悪いが、今回の松井選手に関しては新聞も何もすべて断っているんだ。君の雑誌にだけ書けば断った人たちに申し訳ない」

「それはわかりますが、今正確に松井の心情を書ける人はあなたしかいません」

「だから最初に話したとおりできません」

するとと相手は口調を変えて言った。

「今、うちの雑誌は日本で一番売れてます。その雑誌が今回の松井をどう書くかで松井の評判も変わりますよ」

「君、私を脅してるのか。君がそうするなら、私も牙を剝くよ」

「そ、そうじゃないんですよ。私も松井の大ファンです。だから松井が良く思われたくて、あなたに依頼してるんです。他の事はわかりませんが、松井を良く取り上げる自信はあります。ですからぜひ」

「じゃ、こちらからかけ直すよ」

私は電話を切って、しばらく考えた。編集者の脅すような言い方に半分逆上していたが、彼の言うことにも一理ある。すでにマスコミの中には少しずつ松井選手が裏切り者のように書いたものも出はじめていた。私は電話を取った。

「いつまでに書けばいいんですか?」

「今夜中です」

「え、今夜中」

私はベッドを出て、シャワーを浴び、その編集部があるビルにタクシーでむかった。

私の記事は松井選手の挑戦をどう考えていいか、と思っていた人々に温かく迎えられた。

顔馴染みの酒場の主人などは、「あなたの書いたものをこれまでずいぶん読んだが、今回のあの文章が一番良かったね。泣けたよ」と言った。喜んでいいのか、怒っていいのか、正直わからなかった。その一節を紹介する。

「戦後、日本がアメリカに送り出すもっとも美しい日本人」

感動した。と同時に、切なかった。感動したのは、私がこれまで知る限り、若いスポーツ選手が、一時間二十分余り、正確な美しい日本語で、その心中を誠実に語ったのを初めて見たからだ。切なかったのは、これほどファンのことを思い、チームメイトを気遣い、日本の野球界に礼を尽くし、己の望みを通すのに、命を懸けるとまで口にしたことだ。これは只事《ただごと》ではない。そこまで言わねばならないのか。松井秀喜を十年間見てきた。会見の風貌《ふうぼう》を見ていて、十年でこれほどいい顔になった若者はそう他にいない、とあらためて思った。気が付けば若木は大きな樹になっていた。聞けば、今回の決意は一晩、独りで考え抜いたそうである。二十八歳という年齢が、若者か、大人の男なのか。断言できぬほど軟弱な時代である。ついひと昔前なら充分に大人の男であったはずだ。明治期、世界に向けて日本人の誇りを主張しようとした人々は松井と同じ世代の男たちだった。そんなことまで考えさせられた。

数年前、幸運にも松井と話す機会を得た。

「君は人の悪口をいっさい言わないそうだね？」

「はい、中学二年生の時、父親の前で友人の悪口を言って、ひどく叱られました。それ以来、人の悪口を言わないと父親と約束しましたから……」

「本当に一度も言ってないの？」

「はい、一度も言ってません」

私はただただ驚いた。

「フル出場にはこだわっているの？」

「こだわってはいませんが、ジャイアンツ戦のチケットを手に入れるのは大変なんです。一年で、そのゲームだけしか見られない子供もいると思うんです。その子供が僕のプレーを見たいと思ってスタンドに座っているかもしれません。ですからいつも出場したいんです」

真剣に答えた若者に、私は魅せられた。私はジャイアンツファンではないが、野球の大ファンである。

「野球の神さまはいると思いますか」

「それはわかりませんが、神の存在は信じています」

代理人を立てずに独りで交渉に臨みたい、と聞いた。私はそこに彼の後に続く野球を最愛の仕事として、大きなものへ挑戦する若者への配慮を思った。大人の思惑が蠢《うごめ》くビジネスとしての野球に対して、純粋なプレーヤーとして新世界の扉を叩こうとしているのではないか。

すでにマスコミはメジャーでの松井の活躍を予想して記事にしているが、そうなる保証は何もない。プロスポーツは結果がすべてだ。それでもメジャーでの彼の素晴らしい野球人生を望みたいし、願わずにはいられない。

ひょっとして戦後、日本がアメリカに送り出す、美しい日本人の代表になるかもしれない……。それにしてもヒーローが背負うもの、ヒーローの孤高をあらためて認識した会見と決意だった。来春、あの人なつっこい笑顔でグラウンドに立つ松井秀喜を見てみたい。

（「週刊文春」二〇〇二年十一月十四日号）

メジャーへの挑戦を宣言してからの松井選手は当人も信じられないほどの忙しさになった。まずはメジャーのどのチームと交渉をはじめるか決めねばならなかった。代理人がなぜ必要かもわかっていなかった。次にジャイアンツ、その母体である讀賣グループが松井の選手としての所有権を保持したまま、アメリカの球団に貸し出すというレンタル移籍をできないかと執拗《しつよう》に交渉してきた。それは異様なほどの執拗さだったらしい。そしてマスコミ各社の取材攻勢だった。だからこの日以降、松井選手はランニングはおろか、トレーニングらしいことが日本を出発する日まで一日もできなかった。そのことがデビュー一年目に大変な危機を彼に与えた。

十　まずグラウンド・ゼロに行こう

少し不思議な話をします。

ヒデキは一九七四年六月十二日、父・昌雄《まさお》と母・さえ子の二人目の男子として石川県で誕生しました。三千九百六十グラムという特別に大きな赤ちゃんでした。父・昌雄はこの男の子に〝秀でたことを喜んで欲しい〟という思いを込めて、「秀喜」と名前を付けました。

不思議な話というのは、ヒデキが誕生する三十二年前、父・昌雄が誕生した時の話です。昌雄が生まれた時、昌雄の父・可也《かなり》は彼が信じる神様から、「この子はおまえの子ではなく、私が預けた子だ」と言われます。そのことを可也は昌雄が十歳の時に伝えます。でも昌雄は父が変なことを言うな、としか思わなかったそうです。昌雄は大学を卒業してコンピューターの技師になりました。まだ独身だった二十八歳の時、突然、養子縁組の話が持ち上がり、昌雄は松井みよという、その地方の人々から神様のような人と尊敬されていた老女に呼ばれます。昌雄は彼女に逢ったとたん、奇妙な懐かしさを覚え、みよの人柄に惹《ひ》かれます。みよは少女の時から不思議な力を持っていて、病気の人などを祈って治したりして、大勢の人から慕われていました。

みよの夫・与三松《よさまつ》は若い時に織物業で大成功し、膨大な財産をつくりました。或る時、二人は話し合い、これからは世の中のため、人のためになることをしようと決めて、私財を投じて人々のために信仰をひろめる仕事をはじめていました。昌雄がみよと出逢い、彼女のそばでいろいろ手伝っていた或る日、一人の女性が呼ばれ、その人がさえ子という美しい女性で、二人は互いに好意を抱くようになり、結婚します。二人の結婚を見届けるかのようにみよは死んでしまいます。みよは死ぬ前に昌雄とさえ子に「二人の男の子を授かるだろう。そして将来、二人の男の子が頑張って松井という名前を広め、多くの人が知り、喜ぶようになるだろう」という言葉を伝えます。昌雄の父・可也、そして親族が信じた信仰は浄土真宗から派生し、独自の救世観を作り上げた宗教で、信者からいっさいお金を取ることをしません。

可也が聞いたお告げも、みよが昌雄を自分の子としたいと申し込んだことも、そしてさえ子が呼ばれたことも、誰かがこしらえた物語のように聞こえるかもしれませんが、だからと言ってヒデキが神の子と言っているのではありません。大切なのはヒデキと兄の利喜《としき》を両親が敬愛を持って育てたことです。二人の兄弟はとても仲が良く、四歳下の弟のヒデキは兄トシキのすることを何でも自分もしたがったそうです。よほど兄が好きだったのでしょう。ヒデキが野球をはじめたのも兄が野球に夢中になっていたからです。兄もとても野球が上手く、ヒデキはそれに追いつこうと陽が沈むまでキャッチボールをしていたそうです。

この一家は、人のために、社会のためになる生き方をしよう、と決めた祖父も一緒でしたから、毎日、夕食は皆で摂り、神様に感謝する気持ちを持って生活をしていました。だから二人の兄弟に人をいじめたり、傷つけたりすることは決してしないように教育をしました。

ヒデキが最上級生になった時、そのクラスの編成替えで、女性の先生が「ヒデキを私のクラスへ」と希望したそうです。ヒデキがクラスにいるといじめをする生徒もいないし、学業が遅れている生徒にはヒデキが放課後教えていたそうです。「あんなやさしい生徒はいなかった」というのが、その女性教師の言葉です。

私の小説には時々、中学生くらいの年頃の少年が主人公の物語があります。その関係で、日本中で問題になっている学校でのいじめについて意見を求められたり、シンポジウムに参加することがあります。そんな時、いじめをなくすための本に、松井選手がメッセージを送っているのを見つけたことがあります。そのメッセージを紹介します。

いじめられているみんなへ

神様だって、いつまでも君を見捨てはしないはずだ。
今の苦しみに勇気を持って立ち向かおうじゃないか。
自分がいじめられているという事を、親や先生や友達に言うのは嫌かもしれない。
でも、頑張って相談すれば、必ず良い方向に行くと思う。
一番勇気のないのは、自分の人生をまっとうしない事だ。
神様は君がこの世で生きていけると判断したから君は今ここで生きているんだ。
それでも、勇気を持てないのなら僕に言ってくれ。

手紙でもいいから僕に相談してほしい。

何か君の為にできる事があれば、一緒に頑張るよ。

君のこれからの素晴らしい人生の為に。

松井秀喜

「第三回人権メッセージ展　たいせつな宝物」

（神奈川県人権啓発推進会議　一九九九年三月発行）


このメッセージに手紙をくれた子供もいた、と松井選手は話してくれた。手紙の返事もちゃんと書いたそうだ。

いったい何人の子供たちがこのメッセージに勇気付けられたことだろう。

私はこのメッセージを見て、松井選手と少し話し合ったことがあった。

「いいメッセージだったね。きっとたくさんの子供が勇気付けられたと思うよ」

私が言うと、彼は照れくさそうにうつむいた。

「人が人をいじめたりするのが、一番醜いことだよね」

「僕もそう思います」

「それも大勢で一人の子をいじめたりとかね。あれは大勢が集まると、それが力だと子供でも思ってしまうんだね。自分が人より力があるとか、相手がダメな人間だと決めつけてしまう。それは子供だけじゃない。大人がそうした時、戦争が起きるんだ。だから戦争は人間の一番愚かで、醜い行為なんだろうね」

「僕も戦争は大嫌いです。僕の田舎にも前の戦争で死んだ人たちの墓があります。戦争を憎みます。自分がグラウンドで野球ができている間は平和だと信じているんです。戦争がはじまればきっと野球はできなくなりますものね」彼は真剣な顔で言った。

ニューヨーク・ヤンキースに入団が決った後、私たちは契約前に日本で食事をした。

「おめでとう。君の好きなミッキー・マントルのいたチームに入団できたね」

「ありがとうございます。頑張ってきます」

「ニューヨークが君の新しい故郷になるといいね。そうしたらニューヨークを案内してくれよ」

「勿論です。ニューヨークはどんな街でしょうね」

「美術館もたくさんあるし、君の好きなコンサートホールもたくさんあるよ」

「そうですね。でも一昨年、テロに遭っていますよね。あれだけの人が亡くなったんですから。大勢の親を亡くした子供たちもいるんでしょうね」

「その子たちを勇気付けられるホームランを打ってよ」

「そうなるといいですね」

二〇〇三年一月九日、入団契約にむかった松井選手が到着したニューヨークはひどい吹雪だった。彼はホテルに着くなり、これからの大切なパートナーとなる広岡勲にいきなり言った。

「これからグラウンド・ゼロに行こう」

予定にない行動だったが、広岡勲はすぐに松井選手の心中を察した。二人は車でグラウンド・ゼロにむかった。彼は吹雪の中、一時間、じっと立ったままただ惨劇の跡が残る場所を見続けていた。私はそのことを聞いて、彼がどれだけ戦争を憎み、戦争で亡くなった人に対して安らかに眠って欲しいと思っているかをあらためて知った。

戦争を憎みます。自分がグラウンドで野球ができている間は平和だと信じているんです。私はあの時の松井選手の真剣な目を今もはっきりと覚えている。

あとになってニューヨークの記者が言った。「ニューヨークに着いてすぐにグラウンド・ゼロに祈りに行った選手は松井が初めてだろう」

私が生まれ育った街から県境を越えた場所に広島はある。原爆が広島に投下された後、大勢の被爆者が私の街にも避難してきた。私の街の人たちは、被爆者に触れると原爆症が感染すると言って、その人たちを遠ざけようとした。私の母は、そんなことはないと、彼等の下に救援の物資を届け、食事を運んだそうだ。私が小学生の時、被爆者の母親から生まれた少女と兄がいた。その兄は私に野球を教えてくれた。私たちが原っぱで野球をするのを、妹は楽しそうに見ていた。でも或る日、突然妹は入院し、二度と帰ってこなかった。原爆症による白血病死だった。

戦争は愚かなことである。日本は明治という時代に封建制度社会から近代国家を目指して、富国強兵政策を取り、清国（中国）、ロシアとの戦争に勝利し、自分たちの国がアジアで最強の国であると信じ込んでしまった。軍人が政治に介入し、中国を侵略し、やがて真珠湾を攻撃し、アメリカとの戦争に突入した。日本の中でも大勢の人たちが戦争に反対したが、国民の大半は戦争に正当性を見ていた。戦争に正当性などあるはずがない。三百万人という日本人と二千万人というアジアの人が戦争で死んだ。アメリカ人も四十万人の犠牲者を出した。戦争がいかに愚かなことかわかっているのに、日本は今また愚かな戦争にむかおうとしている気がする。

十一　何人かの大人が、松井にめぐり逢い、彼を立派な大人に育てようと思った

二〇〇三年十月十六日、この夜のゲームを私は忘れないだろう。

ヤンキースはヤンキースタジアムにレッドソックスを迎えて、アメリカンリーグの首位決定戦の七戦目を戦うことになった。ポストシーズンがはじまり、ヤンキースはツインズを三勝一敗で下し、レッドソックスと対戦した。両チームの力は拮抗《きっこう》しており、三勝三敗で最終戦までもつれた。この間、第三戦で乱闘騒ぎが起こり、七十二歳になるヤンキースのベンチコーチ、ドン・ジマーがレッドソックスのペドロ・マルチネス投手に突進して行き、逆に投げ返されて眉間《みけん》を負傷する騒ぎになった。

ゲームは両チームのエースが先発した。ヤンキースがクレメンス、レッドソックスがマルチネス。マルチネスは好調で七回までヤンキース打線をジオンビーのソロホームラン二本に抑えていた。一方、クレメンスはレッドソックス打線につかまり四点を奪われて降板

した。八回表レッドソックスのオルティースがホームランを打ち、五対二になったところで勝負は決したかに思えた。ところが八回一死からヤンキースの生え抜きの選手たちの猛攻がはじまった。ジータが二塁打、続くウィリアムズが適時打で一点を返した。ホームに生還したジータは次打者の松井選手に、頼んだぞ、と檄《げき》を飛ばした。それに応《こた》えるかのように松井選手が右翼線に二塁打を放った。観客が打球に触れたのでエンタイトルド・ツーベースとなり、ウィリアムズは三塁で止まった。

続くポサダの打球が詰まりながらセンター方向に上がった。セカンド、ショート、センターがボールを追った。その瞬間、一塁ランナーの松井は、これはヒットだと走り出した。懸命に本塁にむかって走った彼はホームを踏み、そこで珍しくガッツポーズをしたまま宙を飛び上がった。

この四連打を見ていて、私は野球の素晴らしさを再認識した。勝利のために一人一人ができるベストをつくせば、決したかと見えるゲームも逆転できるのだ。ゲームは延長十一回裏、ヤンキースのアーロン・ブーンのサヨナラホームランで決した。

私はこのゲームを日本で見ていて、松井選手を育てた何人もの大人たちが歓喜しているだろうと思った。誰よりも喜んだのは父・昌雄であろう。父・昌雄は兄トシキ、弟ヒデキに対して、子供の時から対等な関係で接してきた。その関係を象徴するかのように、父親は子供たちを呼び捨てにせず、いつもヒデさんと敬称で呼んだ。兄弟が何か間違ったことをしても、父はまず「なぜそうしたか」を息子たちに問うた。息子が過ちに気付いていた場合はそれで話し合いを終えるが、そうではない時、父は「私はこう思うのだが……」とわかり合うまで話し合って問題を解決した。だから昌雄は息子たちに「こうしろ……」とは一度も口にしなかったし、日本の父子教育でよくある手を上げることもなかった。しかし放任主義ではない。躾《しつけ》も「挨拶をちゃんとしなさい」「自分がしたい事は何をしてもいいが他人に迷惑をかけてはいけません」「自分のことは自分で解決しなさい」この程度であった。昌雄とヒデキの関係をよく理解できるものに昌雄がヒデキに送った一九九四年から二〇〇四年までの十年間の二百十六通の手紙がある。これは今、父と子の在り方の手本となって本になり、ベストセラーとなっている。父・昌雄の愛情があふれているが、同時にその文面には父子というより友人同士に思えるやさしさがある。松井がスランプに陥っていたり、怪我をしていたりする逆境の時の手紙が多いのは父の愛情のあらわれだろう。

父・昌雄が立派なところは松井が大好きな野球の指導者に対して、何ひとつ口をはさまなかった点だろう。松井選手は自分が今あるのは、指導者たちに恵まれたお陰だ、と言っている。私の目から見ても、松井選手は彼の年齢時に見合った指導者が適切にあらわれている。中学生の時は高桑充裕《たかくわみちひろ》コーチ。高桑は地元・石川の野球の名門校、星稜《せいりょう》高校から東京の名門、駒澤《こまざわ》大学に進み、野球部で二度リーグ優勝を成し遂げているエリートだった。中学の野球部に入部した時の松井選手は肥満児に近かった。高桑はまず彼の身体を野球ができる敏捷《びんしょう》性のある体型に変えるために徹底的にランニングさせた。時には顔を平手で殴ることもあった。松井選手は厳しいトレーニングをさせても辛いとは言わなかった。すぐに松井選手は頭角をあらわし、監督の宮田宏《みやたひろし》（根上《ねあがり》中学野球部監督）は一年生からレギュラーに指名した。高桑が松井選手を一度激しく叱ったことがある。それは彼がバットを地面に叩きつけてくやしがった時だ。

「道具を大切にしない人間に野球をやる資格はない」

高校は、高桑の影響もあり、彼の出身校、星稜に進学した。母のさえ子は野球だけをする日々になっては困るので兄のトシキが進学した学校に行って欲しかった。しかしヒデキが星稜を選んだ。星稜で出逢うのが、山下智茂《やましたともしげ》である。

松井の本格的な野球への取り組みは山下と過ごした三年間がスタートだった。

父・昌雄の下に山下が松井を野球部に入れて貰《もら》った礼に行くと、昌雄は山下に「ヒデキを三年間、あなたに預けます」と頭を下げた。山下は〝鬼〟と呼ばれた監督である。

松井選手が星稜への進学を選んだのも、甲子園という舞台で活躍してみたいという夢があったからだ。高校は中学とは比較にならない厳しいトレーニングだった。朝から夜まで授業の時以外は野球だけをする生活だった。トレーニングの甲斐《かい》あって、松井選手は一年生からレギュラーになり、四度、甲子園に出場している。ゴジラのニックネームが付いたのは二年生の時に打ったホームランを見た記者がそう書いたからだった。

松井選手が三年生の夏、甲子園で日本中を驚かせる事件が起こった。それは松井選手と対戦した相手チームが、彼がバッターボックスに立った五打席すべてを敬遠したことだった。相手の監督の指示だった。球場は騒然となった。結果、松井選手のチームは敗れた（スコアは二対三）。マスコミはフェアーではないと相手の監督を批判した。若者の野球に対して、勝利至上主義は間違っているというのがマスコミの論調だった。松井選手は唇を嚙《か》みしめて、五回の打席、黙って一塁に歩いた。大会の歴史がはじまって七十七年、初めての出来事だった。この事件は遂に全国に松井選手の名前を轟《とどろ》かせることになった。各プロ野球の球団が松井選手をドラフトのトップとして争って指名することになった。山下監督が「自分の生涯で松井ほどの打者に出逢ったことはない。これからも出逢うことはないと思う。松井の何がスゴイかと言うと、バッターとしてのパワー、能力もあるが、それ以上に彼の向上するために進んで練習ができる精神力のスゴさだ。三年間の一日たりともトレーニングをいい加減にすることはなかった。そして何よりチームメイトを大切にしてくれた」山下は松井選手が傲慢《ごうまん》な態度を取ったのを一度も見なかったと言う。

それは私が思うに、山下の精神教育がそういう若者に育てたのだろう。ここで山下が選手たちに言い聞かせ、ロッカールームに貼ってあった、或る文章を紹介しておく。

心が変われば　　行動が変わる
行動が変われば　習慣が変わる
習慣が変われば　人格が変わる
人格が変われば　運命が変わる

以前、松井選手に逢って、山下監督のことを聞いた時、彼はこの文章をすらすらと口に出してくれた。松井選手にとって山下は高校野球からプロ野球への道を拓《ひら》いてくれた恩人であり、プロ野球に行っても耐えられる精神を鍛えてくれたグラウンドの父親だったのかもしれない。

プロ野球に入団したのは、前に書いたとおり、長嶋茂雄との出逢いがすべてである。日本の最高のスーパースターである長嶋がジャイアンツの監督に十三シーズン振りにカムバックし、ドラフトのくじを引き当て、松井を入団させたことも二人の運命だった気がする。

松井選手が山下から教えられた弛《たゆ》まぬトレーニングを、次に長嶋監督がプロ野球のレベルでさらに厳しく指導して行った。

松井選手は、「今日の自分があるのは素晴らしい指導者とチームメイトに出逢えたからだ。その中の誰か一人が欠けていても、今の自分はなかったろう」といつも話している。

そうしてメジャーに挑戦し、松井の最大の理解者であり、指導者である名将ジョー・トーリに出逢った。その上ジータをはじめとする素晴らしいヤンキースのチームメイトに出逢った。

出逢いこそが人生のすべてと言う人もいる。松井の軌跡を辿《たど》って行くと、それが正しいとつくづく感じる。

その何人もの父親であるような大人たちと出逢った松井が十人の子供の父親であるのを知る人は少ない。

松井選手が十人の子供の父親?

十二　十人の子供たちと、パパヒデキ
まだ見ぬお父さんへ

宿敵レッドソックスを大逆転で倒したヤンキースは、その勢いのままフロリダ・マーリンズとのワールドシリーズにむかった。トーリ監督はこのシリーズの四番を松井にまかせた。ポストシーズンに入ってからの松井選手はヤンキースで最高の成績を残していた。プレーオフの前にレジー・ジャクソンが彼の代名詞である〝ミスター・オクトーバー〟について今年は松井が〝ミスター・オクトーバー〟になるかもしれないと発言していた。その言葉どおりの活躍だった。

ワールドシリーズ第一戦は二対三で敗れたものの松井選手は四打数三安打で一人頑張っていた。

第二戦は一回にスリーランホームランを放ち、ヤンキースは六対一で勝利した。続く第三戦はマイアミで戦われた。ヤンキースは後半に猛攻し、六対一で勝ち、ワールドチャン

ピオンまであと二勝となった。第四戦、私はマイアミにいた。この夜の先発はクレメンスだった。おそらく今夜がクレメンスの最後の投球になるだろうとマスコミが書き立てたので、スタンドはカメラを持ったファンであふれ、クレメンスが投げる度にスタンドはカメラのフラッシュで星屑《ほしくず》がまたたくようだった。七回表クレメンスが最後の投球をしてマウンドを降りた時、スタンドの観客は総立ちで拍手した。拍手は鳴り止まず、スタンディングオベーションにあらわれたクレメンスがスタンドに帽子を脱いで振ると、なおいっそう拍手は高まった。この試合の九回の表にヤンキースが同点に追いつき、三対三になったが、十二回裏にゴンザレスのホームランで敗れた。次のゲームも落し、ヤンキースは二連敗した。

ニューヨークに戻っての第六戦、マーリンズは二十三歳の若いベケットを先発させた。ベケットはヤンキースを完封し、マーリンズは戦前の予想をくつがえし、ワールドチャンピオンにかがやいた。マウンドで飛び上がり、抱き合うマーリンズを横目に、ヤンキースの選手はロッカールームに引き揚げた。松井選手は第四戦の初回の安打から十一打席ノーヒットだった。二勝一敗で勝ち越した時点で、私はヤンキースに流れが傾いたと思った。何度かの突き放すチャンスをヤンキースはものにできなかった。今回のワールドシリーズを見て、野球というゲームはつくづくおそろしいと思った。勝利の女神は気ままで、栄冠はその手に握りしめるまでどこへ行くかわからないのだ。

私はヤンキースタジアムを出る時、知り合いの日本人記者に、松井選手への伝言を頼んだ。

「三日でも一週間でも私はホテルにいるので、気持ちが落ち着いたら訪ねてくれ」と。四番をまかされた松井選手が今回の敗戦に一番責任を感じているのが、私にはよくわかったからだ。くやしさが消えて行くのに時間が必要だと思った。

ところが翌日の午前中、記者から電話が入った。「松井が今日、ロッカールームを片付けた後で逢いに行ってもいいか、と言ってますが」「大丈夫なの？　私はずっと待っているから」「あなたが忙しい中をワールドシリーズに見えたのを彼はわかっているんでしょう」「そう……」

実際、私は忙しかった。その年、ニューヨークを訪れたのは四度目だった。

ロッカールームを片付けた後、松井選手はホテルに来てくれた。いつもどおりの少し緊張していて、それでいて気さくな笑顔をして彼はロビーにあらわれた。私たちはロビーで少し話をして、その夜食事に出かけた。日本食を美味《おい》しそうに平らげて行く目の前の若者が昨日までヤンキースの四番を打ち、ワールドチャンピオンを目指して死闘をくり返していた選手には見えなかった。いつも敬語を話し、時折、ジョークを話す若者が一年前、苦悩していた姿がよみがえり、メジャーに挑戦したこと、ヤンキースに入団できたことを私はとても喜んだ。

「そう言えば今年、パリで買った新聞のスポーツ欄の一面に君の写真が出ていたよ」

「えっ、パリでですか?」

「ああ、ヘラルド紙にね。ほら八月にボルチモアでオリオールズと戦った時、フェンスにぶつかりながらバックハンドでファインプレーをした時の写真だよ。トーリ監督があのプレーを見て、シーズンを通して、ひとつのプレーがチームの流れを大きく変えることがある。松井の今夜のプレーは、そういうプレーかもしれないって、言ってただろう」

「よくご存知ですね。そんなことまで」

「私は今や君のオタクになっているんだ」

別れ際に私は言った。「堂々と胸を張って日本に帰ってきなさい。君はワールドシリーズでホームランを打った初めての日本人だし、ヤンキースの主軸打者になったのだからね」

「わかりました。でも僕が打っていればチャンピオンリングはこの指にあったかもしれません。まだまだ力が足りません」

私は大きくうなずいて、彼と別れた。

仕事上、ヨーロッパの旅が多かった。スペイン、フランスの絵画を巡る旅と、巡礼の道を辿っていた。そんな時、一番困るのがヨーロッパの人々がまるっきり野球に興味がないことだった。どうしてあんなに面白いスポーツをヨーロッパ人が知らないのかわからなかった。松井選手のその日の成績、ヤンキースの成績を私は毎日、日本の家に電話して妻から聞かなくてはならなかった。その度に松井選手の成績以外にリベラがホームランを打ったとか、トーリがいいピッチングをしたとかいう話を一緒に聞かなくてはならなかった。妻は野球に詳しくなかった。

それでも彼女は「ヒデキさんがやった」ということはちゃんと説明できた。

「パリのニュースでは、ヒデキさんのホームランを報道しないのさ」

「パリでは打者は打席にワインの瓶を持ってかまえてるんだ」

パリにはベトナム人が多い。かつてこの国がフランスの植民地だったからだ。二十世紀、ベトナムには長い悲劇の時代があった。戦乱が何年も続いた。その結果、多くの親を失った子供が生まれた。一九九八年松井選手の父・昌雄はベトナムを訪問した。そこで昌雄は勉強がしたくともお金がなくて学校に行けない子供たちが大勢いるのを見た。昌雄はそれを見て悲しんだ。日本に帰国した昌雄はその子供たちに何かをしてやるべきだと考えた。昌雄は彼等に奨学金を送りはじめた。やがてヒデキも一緒に奨学金を送るようになった。松井選手は十人のベトナムの子供の里親になった。子供たちにとってはヒデキはまだ見ぬ国のパパ、ヒデキだった。

私はその話を聞いて、素晴らしい父と子だと思った。

ここで二人のヒデキの子供たちからパパに送られた手紙を紹介しよう。

親愛なるマツイヒデキ様

マツイ様、本日は二〇〇二年五月七日です。

一年以上にわたるマツイ様のご支援に感謝するため、私はこの手紙を書いています。

マツイ様とご家族の皆様の健康をお祈りしています。

学年末、いただいたお金は、普段以上に私の両親の助けになってくれました。

さらに私の新学年に向けての準備の助けにもなりました。

私はマツイ様のお気持ちにとても感謝しています。
五月はじめ、二学期の試験期間です。
すでに七科目が終りました。
国語、物理、英語、化学、歴史、地理、生物。
明日の最終日は数学と公民です。
私はマツイ様の期待を裏切ることがないよう、試験もしっかりがんばろうと思います。
期待を裏切らないために努力して勉強することをお約束いたします。
マツイ様の健康をお祈りさせていただきます。

グエン・アン・トウアン

マツイヒデキ様!!
三ヵ月経ち、私はまたマツイ様に手紙を書くことができます。
私はヴウ・グエン・ソン・トウンです。

ハイズオン省ハイズオン市レークイドン中学校九年生です。

三ヵ月前に私がマツイ様に手紙を書いたのは学年の半ばでした。

今は最後の月になっています。

ベトナムでは真っ赤な花が段々に鮮やかに大地を染めていきます。

そうなると、私たちは学年の終りがやってきたことを知らされるのです。

今までの学年と別れるだけでなく、私はこのレークイドン中学校にも別れを告げなくてはなりません。もうすぐ高校生になるからです。

この先、乗り越えなければならない多くの困難があるかもしれません。

けれども、私は立ち止まるわけにはいきません。

なぜなら、私が挫折《ざせつ》することは、私の成長を心待ちにしてくれている先生がた、友人たちを裏切ることになるからです。

そして何より、私のような親を亡くした子供たちに支援してくださっている、尊敬するマツイ様を裏切ることになるからです。

ベトナムでは、日に日に気温が高くなり、陽射しが強く暑いです。

日本はどうですか？

一度、日本に行って、日本の美しい様子をしっかり見てみたいです。

そして、まだお顔も知らない、私の父親であるマツイ様に直接お会いして、楽しくお話しできることを望んでおります。

最後になりましたが、マツイ様とご家族の健康と幸せをお祈りしております。

ソン・トウン

二通とも便箋《びんせん》に、丁寧なベトナム語の文字で書かれた手紙だったという。

彼等はまだ見ぬ父親が日本からアメリカに渡り、苦境の中でメジャーに挑戦し、ルーキーの年にめざましい活躍をしたのを知っているだろうか。そのことを知ったら、さぞ自分たちの父を誇りに思うことだろう。

前に書いた心臓病の少女への寄附のことも、この十人の子供の里親のことも、松井選手が日本でプレーしている間はほとんどマスコミに出ることはなかった。彼はごく当たり前のことをしているのだから、自分だけ目立つことを好まなかった。つつしみがあるのだ。きわだった美談というのは醜聞と隣り合わせていることが間々ある。日本人には善行は静かに行われるべきだという考えがある。ニューヨークに渡った松井選手がどんなチャリティーをしているのか。私は彼に訊かないし、彼も話したがらない。それでいいのだ。松井選手は日本人のやり方のほうがいいと思うものは、今後もそうして行くだろう。

十三　ナナとノボ

二〇〇四年、シーズン二年目を迎えた松井選手はすべてが目まぐるしく動いていた前年と違って、余裕さえ感じられた。松井選手は去年一年の自分のテーマもわかっていた。タンパでチームメイトたちと逢い、新加入のスーパースター、アレックス・ロドリゲス、ゲーリー・シェフィールドのパワーあるバッティングを頼もしく思った。この年のヤンキース開幕戦はなんと日本の東京だった。それも松井選手のかつてのホームグラウンドの東京ドームで行われた。一九五五年以来四十九年振りにヤンキースは日本を訪れた。ヤンキースのナインは日本での松井の人気に驚いた。神戸肉の美味さに感激していたジータは、街に出て何百万人もの人が出ているのに道路にゴミがひとつも落ちていないのにさらに驚いた。トーリ監督は日本人の勤勉さと忠誠心の厚さに感動し、このつつしみのある伝統は、〝真心《まごころ》〟から出来ているものだと理解した。

二年目の松井選手は五月にゴロキングにもならなかったし、順調な成績を上げて行った。

　この年の六月、松井選手は交流試合でドジャースと戦うためにロサンゼルスにいた。球場に行くバスの中に球団から電話が入り、日本の少年が重い病気を患い、ニュージャージー州の病院に入院しており、その少年が松井の大ファンだと報された。何かをしてやれないだろうか、と訊かれ、松井選手はバスの中から病院に電話を入れた。少年は呼吸器に疾患があったため、松井選手は少年に声だけ聞かせた。「いいかい病気に負けちゃダメだよ。僕も頑張るから君も頑張るんだよ」少年は電話の主が松井選手とわかり、目をかがやかせてうなずいていたという。

　そして一ヵ月半後の八月六日、再び球団から電話が入った。「少年の症状が思わしくない。時間がある時に逢いに行って貰えないだろうか」松井選手はその話を聞き、「これからすぐに行こう」とニュージャージーへむかった。病院に着くと白衣を着てマスクをかけ、少年の病室に入った。部屋中が松井選手のグッズで一杯だった。両親も少年も松井選手を見て大感激だった。松井選手は少年のベッドのそばに腰を下ろし、「元気を出すんだよ。大丈夫だよ。必ず良くなるさ。元気になったら、僕とキャッチボールをしようね」瘦《や》せ細った身体の少年はそれでも元気に松井選手にうなずいていた。病院を出てヤンキースタジアムにむかう車の中で松井は言った。

「人間が健康で元気にしていることが何よりも大切だと、今日ほど感じたことはない」

その日のブルージェイズ戦で松井選手は一回、アッパーデッキに飛び込むスリーランホームランを放ち、三回の打席でもまたホームラン。同じ回にまわってきた満塁の場面でレフト前ヒットを打ち、一ゲームで六打点を上げた。ベーブ・ルースの病床の少年に約束したホームランの話は松井選手も知っていたから、「こんなことならあの子にホームランを打つと約束すればよかった」と言い、さらに「僕はあの少年にもそうだけど、頑張ってる人たちを元気にしたり、人々のパワーやエネルギーになれる存在なのを決して忘れてはいけないね。だからどんなゲームも懸命にやらなくては」とつけ加えた。

辛い日々を送っている人たちに松井選手は勇気と力を与えてくれる。それは日々忙しく働いている人たちにも同じようにパワーを与えている。

私はヤンキースタジアムを二〇〇三、二〇〇四年に十度訪れた。ワールドシリーズのマイアミにもポストシーズンのボストンへも、カナダのトロントへも行った。そんな時、私はスタンドで松井選手のロゴの入ったグッズを手にしたファン、それも少年や少女を見つけるととても嬉しくなる。そしてその少年たちには共通点がある。それはシャイな子供が多いということだ。時折、私は子供の両親に訊いてみる。「どうして松井選手なの？　ご両親が松井選手のファンなのですか？」「いいえ、そうじゃなくて息子が自分から松井を好きになったのです」そう言われると私は嬉しくなって、その少年を抱きしめたくなる。日本でも松井選手のファンの子供はとても多かった。彼が一九九三年にジャイアンツに入団した時、「将来どんな選手になりたいですか」と記者に訊かれた。ほとんどの選手が現役で活躍している有名選手の名前を挙げるか、一年目に何勝上げたいとか早く一軍でプレーしたいとか言うのだが、松井選手だけが違った答えを口にした。「子供たちが自分を見に球場に来てくれるような選手になりたい」そんな発言をした新人はそれまでにいなかった。松井選手は本当に子供が好きなのである。これから未来がある子供たちに松井選手はきっと夢を与えたいと思っている。松井選手は少年の時からやさしい性格だった。

八歳の時の或る雨の日、野球もできないので、ヒデキ少年は学校が終って走って家に戻った。家のそばにさしかかった時、雨の中からかすかに何かの声が聞こえた。立ち止まって耳を澄ますと、ニャオー、ニャオーと助けを求めるようなか細い猫の声がした。ヒデキは声がどこからするのか探した。田んぼの畦道《あぜみち》。排水路。走り回ったが猫はいなかった。

すると農家の納屋が見え、そちらから声がしていた。中に入るとトラクターの下に白と黒のちいさな猫が雨に濡《ぬ》れて震えていた。ヒデキは猫を抱き寄せた。ヒデキの手の中に入るほど、その仔猫《こねこ》はちいさく、痩せてガリガリだった。「死んでしまう」ヒデキは思った。彼はシャツの中に仔猫を入れ、家に戻り、「お父さん、お母さん、この仔猫助けてやらなきゃ、ねえ、この猫飼っていい。でないと死んじゃうよ」と訴えた。「いいよ」と許された。お尻《しり》の穴から泥水が出るありさまで目も開かないし、ミルクも飲むことができなかった。病院に連れて行き治療して貰った。

家に帰って仔猫のためにベッドを作った。父・昌雄に「名前はどうしたらいい？」と訊くと「七月七日に家にやってきたからナナにしたらどうか」と助言してくれた。ヒデキの献身的な看病でナナは少しずつ元気になり、目を開けるようになった。黒い美しい瞳だった。ヒデキは思った。自分には両親がいるのに、どうしてナナには両親がいないのだろう。それなら僕が親になってやろう。そのナナは十八年間長生きして、ヒデキとともに過ごした。ナナのエピソードを聞いても、彼が子供と動物が大好きなのがよくわかる。

我家で松井選手のサインを貰ったのは、あの気難しい哲学者気取りの犬アイスだけである。妻の本棚の上に上機嫌な時の人間が笑っているんじゃないかと思うほど少し気味の悪い表情の愛犬の横に松井選手のサインがある。私たち夫婦はこの犬を飼う時、少し意見が衝突した。

妻が犬を飼うようになったのは、実は我家の床下に近所の野良猫が三匹の仔猫を産んだことがきっかけだった。妻がその猫を発見し、彼女はミルクを与えはじめた。仔猫たちは用心深く、決して妻になつこうとしなかった。妻は辛抱強くミルクを与えたが、或る日、親猫が三匹をどこかに連れて行ってしまった。妻はふさぎ込み、不機嫌になった。「どこかから猫を貰ってこようか」と提案した。あの三匹の猫は可愛かったのだと言った。或る日、妻は猫を売っている店に行った。そこで不機嫌そうにしていた仔犬と目が合い一目惚《ぼ》れをしてしまった。数日後、私はヨーロッパに出かける予定だった。「犬を飼ってもいいかしら?」妻は訊いた。私はかつて彼女が東京で犬を飼い、飼育でノイローゼになった話を聞いていた。「あの時は女優の仕事でしょっちゅう家を留守にしていたから、それに私も若かったから……。今は大丈夫だと思うわ」それでも私は心配だった。犬の寿命は人間より短い。「君がそんなに飼いたいならかまわないが、その犬は私たちより早く死んでしまうよ。元気に生きてくれても寿命が十五年から二十年だろう。その時、君は何歳になっている？　犬の死に耐えられるかい。私は君の方が心配だ」

そう言って私はヨーロッパに出発した。何日かの旅が続き、パリのホテルに着いて日本に電話を入れると、「あなた名前を早く考えて下さいな」「何の？」「我家の愛犬にですよ」妻の元気な声に名前を考えなくてはならなかった。一ヵ月の旅を終えて家に戻ると、私のウィスキーの友であるビーフジャーキーや鱒《ます》のくん製が入っていたはずの冷蔵庫の一角にはドッグフードが並び、書斎の脇の長椅子が失《う》せ、犬小屋になっていた。それでも仔犬の可愛さは天使に似ている。私もアイスという名前を付け、我家のすべてのセレモニーの中心になった仔犬をただ眺めるしかなかった。松井選手のプレーを妻と犬はテレビの前で観戦し、松井選手がホームランを打つと妻は両手を叩いて飛び上がり、妻が喜ぶのを見て犬がまた跳ねて吠《ほ》える。「ここはヤンキースタジアムのベンチの後方席かよ」私は妻の言いつけでマンハッタンのスポーツグッズ売り場で犬用のピンストライプの服を買わされ、誰がこんなものを作るのか犬用の帽子まで買わされた。ただアイスは野球帽よりコザックの帽子の方が似合った。この犬の不機嫌さはトルストイ的な憂鬱《ゆううつ》から来ているのかもしれない。

松井選手は妻と電話で話す度に「アイス君は元気ですか？」と訊いてくれた。すると妻は上機嫌になる。彼は気難しい花嫁を貰ってもきっと上手くやるような気がした。

二〇〇四年の松井選手は順調にプレーを続け、押しも押されもせぬヤンキースのレフトになっていた。そんな時、私はヤンキースタジアムで松井のお母さんとお兄さんのトシキ君に逢った。

松井選手に似てやさしそうなお兄さんだった。数日後、松井選手と逢った時、「いいお兄さんだね」と言うと「あんなにいい兄はいません。僕がこうして野球をするようになったのも兄さんのお陰です」と嬉しそうに言った。この年、新しく故郷にオープンした松井選手のベースボールミュージアムを設計したのも建築士であるトシキさんだ。その兄弟の話を聞いていて、私はアイスにも兄弟がいた方がいいのではと考えた。一匹より二匹の方がいいに決っている。私はニューヨークから妻に電話し、もう一匹犬を飼ってはどうかと提案した。妻はアイスだけで手一杯だと言ったが、私は強引に犬を見に行くように言った。翌日の午後、妻から電話が入った。可愛い犬はいなかったと言う。三日後に私に電話が入り、やはりいないと言う。五日後に、「ずっと売れない犬で顔もしわくちゃだし、性格も良さそうにない犬がいるの。見に行く度に値札の金額が下がって行くの。売れないとどうなっちゃうのかしら」

「そいつがいいよ。その犬にしなさい」

旅から戻ると、その犬は我家にいた。アイスは新しい犬をこころよく思っていないらしく、仔犬がそばに寄るだけで唸《うな》り声を上げ、威嚇した。「仲良くしなさい」妻が言ってもアイスはそっぽをむくだけだった。私はアイスの様子を見て言った。「おまえはソクラテス風の哲学者だと思っていたが、実はソフィストだったんだな。私は失望したよ」

その年の十月、松井選手はヤンキースタジアムで三十一本目のホームランを打った。その試合でヤンキースは七年連続でアメリカンリーグの東部地区優勝を決めた。ポストシーズンに入って去年と同様にツインズと戦い、三勝一敗で勝ち上がり、これもまた去年と同じレッドソックスとのリーグチャンピオンシリーズとなった。戦前の予想ではレッドソックスが有利と言われていた。松井選手は第三戦で二本の本塁打を放つなどし、ヤンキースは三連勝した。続く第四戦では、ヤンキースはリベラを投入したが、追いつかれ、延長戦で逆転負けをした。続く第五戦も延長戦で敗れた。勢いに乗ったレッドソックスはそのまま四連勝し、ヤンキースのワールドチャンピオンの夢が消えた。

松井選手はリーグチャンピオンシリーズの七試合で打率四割一分二厘、十打点を上げ、九つの長打でアメリカンリーグのポストシーズン記録まで作る猛打を放った。それでも、松井選手はあらためてメジャーのワールドチャンピオンへの道の厳しさを知ったと言う。

その年、私が長い旅に出ているとき、我家に近い地区で地震があり、古い小学校の校舎が崩れたりして大変だった。幸い死者はでなかったが、家が倒壊した人も多かった。妻はせっせと被災地区に毛布や水を車で運んでいた。その報告を国際電話で聞きながら、懸命に毛布を運んでいる妻の姿を思い浮かべ、彼と妻が仲がいい理由がわかる気がした。松井選手は好成績を上げ帰国した。年に一度の、妻と松井選手の食事の日が近づき、いつものように家では騒ぎになっていた。二匹の犬も少し仲良くなり、東京に一晩だけ泊るので、犬たちの留守番の手配など大変だった。

当日、私が宿泊している東京のホテルに妻から電話が入った。「実は下の犬がパルボウィルスにかかったんです。今朝、とてもたくさん血を吐いたの。今、病院に預けてきたのだけど」妻は駅に来ていた。私は少し待つように言って、知人の獣医に電話を入れた。「パルボウィルスだって、それは大変だ……（九五％以上死んでしまう）」「どうすればいい？」「私の知人の医者が君の街にいる。その人の病院に運びなさい。人間に使う薬を投与して治った例があるんだ」私は妻に連絡を入れ、「彼の病気はとても重いそうだ。ヒデキ君にはいつでも逢えるし、来年もある。すぐに病院に行きなさい」楽しみにしていたデートが流れたことも可哀想だったが、可愛い犬がちいさな身体で悪魔のような細菌と戦っている姿を想像すると私も胸が痛んだ。私は松井選手と逢い事情を話した。松井選手は妻に連絡してくれた。しばらくして松井選手は電話をかわって欲しいと言った。「どうしたの?」「奥さんが急に黙ってしまって」「君何を彼女に言ったの」「ノボ君が助かるように僕も神様に祈っていますって……」私は電話器を取った。妻は電話のむこうで泣いていた。「どうしたんでしょうか?」「君がそんなやさしいことを言うから彼女は泣いてしまったんだよ」「……そうですか」私がこれ以上やさしいものはないという言葉で声をかけても決して涙を流すことのないサッチャーのような妻が泣いていた。松井秀喜という若者は何者なのだろうかと思った。

松井選手の祈りが神様に届いたのか、その犬は少し痣《あざ》を残しただけで奇跡的に助かった。妻は「ヒデキさんが祈ってくれたので、おまえは天国から戻れたのよ、だから行儀よくしないとヒデキさんに叱って貰うわよ」ノボという名前の犬は、最初、ヤンキースと私の好きな不良ロックギタリストのキース・リチャーズの名前から取って『キース』としたのだが、妻が大声でキースと呼ぶと、アイスも一緒に走ってくるので取り止めになった。そこで私が好きな文学者の正岡子規《まさおかしき》——日本で最初に野球の詩や俳句を作った——の幼い時の名前ノボルとした。悪戯《いたずら》をする度にノボは妻から松井選手に叱って貰うわよと言われ、その度にきょとんとしていた。まだ見ぬお兄さんをこの犬は知っているのだろうか。

年末、松井選手は東京から故郷に戻った。その時、スマトラ沖で大地震があり、大勢の人が亡くなった。翌日、妻は赤十字社に寄附を送っていた。その夜、テレビで松井選手が同じ赤十字社を通じて五千万円を寄附したニュースが流れた。妻はテレビに拍手を送っていた。私は四十年前に野球をやめなければよかったと後悔していた。

十四　敬愛する友よ、ジータ

誇るべきチームメイト、監督、コーチ、スタッフ

長い間野球を観戦していると、生涯忘れることはないだろう、というプレーを目にするものだ。それほどドラマチックなものを野球というスポーツ、ゲームは持っている。

そんなプレーを目にした時、私は胸の中で必ずこう呟く。「野球の神様はやはりいらっしゃるのだ」これまで私は野球が舞台になった小説を何度か書いてきた。その中のひとつが幸運にも権威ある文学賞を受賞し、それがプロの作家として認められた出発点ともなった。

二〇〇四年七月一日、私はテレビでそのプレーを見た。場所はヤンキースタジアム。レッドソックス戦の十二回の守備にヤンキースがついている時だった。スターツ投手がトロット・ニクソンに投じたボールは三塁後方のスタンドの際にファールフライとなって上がった。その打球をショートのジータが追った。途中、その打球がスタンドぎりぎりに落下

するのがわかった。しかしジータはボールを追うのをやめなかった。彼はボールを捕るとそのままスタンドの中に飛び込んだ。頭からスタンドに突進したジータの上半身は見えずに、彼の長い足だけが杭《くい》のように立っていた。観客があわててジータを抱き起こそうとした。その中の一人が球場関係者を手招いた。「怪我をしてる、大変だ」そんな表情をしていた。関係者に起こされて、あらわれたジータの顔は鮮血に染まっていた。ヤンキースタジアムの椅子は固い鉄製である。そこに顔から突っ込んだのだ。トーリ監督もあわてて駆け寄った。グラウンドでヤンキースの選手にアクシデントがあった時、トーリは誰よりも早くベンチを飛び出す。いつもはゆっくりと投手交代を告げる歩調がうそのように素早い。おそらくは彼にとって選手は我子のようなものなのだろう。

顔から血を流し、ベンチに引き揚げるジータにスタンドから拍手が沸き起こった。あきらかに骨折しているふうに見えたのに、ジータは病院にむかう時、こう言ったそうだ。

「俺はすぐに戻ってくるから」ヤンキースの十一代目のキャプテンになったジータは野球で選手が何をすべきか、戦うとはどういうことか、ベストをつくして勝利にむかうというのはどういうことか、メジャーの歴史でなぜヤンキースがこれほど勝利をものにしてきたかを知っている。そう、真のプレーヤー、ヤンキース魂がジータには宿っている。ヤンキースの歴史の中でもこれほどガッツのある選手はそうはいまい。

二〇〇六年五月十一日、松井選手は、レッドソックスのロレッタの打ったレフト前の浅いライナーをキャッチすべく前に走り込み、スライディングしながらグローブをボールにむかって突き出した。このボールは俺が捕る、ヒットにはさせない、という松井選手の意志がはっきりと出たプレーだった。ところが少し雨に濡れてやわらかくなっていたレフトの芝生に松井選手の出したグローブは逆方向に大きく曲がっていた。それは松井選手の日本から続けていた連続試合出場を千七百六十八でストップさせ、彼の二十年余りの野球生活で初めての長期休養をさせる悲しい結果になるのだが、注目されるべきは怪我をしたことではない。私たち野球ファンが感動したのは、グローブが取れた骨折した左手をぶらぶらさせながら、彼が芝生の上を子供がするように這《は》いずりながら、右手でボールを取り、送球したことなのだ。そのシーンを見た時、私は彼のプレーヤーとしての真価を見せられた気がした。インプレーである限り、自分が為《な》すべきベストのことをする。それがプロのプレーヤーであり、ヤンキースタジアムでプレーするヤンキース魂なのだ。私はこのふたつのプレーに野球の尊厳を見た。こんなに素晴らしい若者がいるのだ。

だからこの二人が互いに尊敬し合い、無二の親友になるのがよく理解できる。彼等は互いを認め合っている。

　松井選手にジータのあのスタンドに飛び込んだ時のことを訊いたことがあった。

「すごい選手だと思いましたね。チームも負けられない試合でしたしね。ジータが病院に運ばれたのを聞いて、チーム全体が彼の分まで頑張ろうというムードになったし、あきらめないことの大切さを教わりました。彼こそがヤンキースなんですよ」そう言って感心していた松井選手がジータと同じようにヤンキース魂をいつの間にか宿らせているのを、私は誇りに思う。

　松井秀喜は幸運な星の下に生まれた若者である。彼がヤンキースに入団した時、まず最初の幸運はトーリ監督に出逢ったことだ。トーリでなかったら今の松井選手があるかどうかわからなかった。トーリがプレーヤーに望むものが松井選手がこうなりたいと思っていたプレーヤーと同じだった。何度も書くが、野球の素晴らしさは、勝利にむかってベストをつくすゲームということだ。それが見る人を感動させるのだ。偉大な個人の記録よりも、派手なプレーよりも、チームがひとつになって勝利にむかって行くところに魅力のすべてがあるのだ。それが崇高な人生に一番大切な精神と似ているのだ。

　その精神、つまりあきらめないこと、苦しい時に耐えること、皆で力をひとつにすれば何かが得られること……、そんなすべてが野球にはあるのだ。トーリはまさに松井選手にとって、恩人であり、メジャーの野球の何たるかを教えてくれた最初の人で、最高の指導者だ。

バーニー・ウィリアムズ、ジェイソン・ジオンビー、ホルヘ・ポサダ、ロビン・ベンチュラ……数多くのナイスガイが松井選手を支えてくれた。その中でも、やはり松井選手にとってはジータだろう。たぶんにそれは二人が同じ年だということも原因しているかもしれない。

二〇〇五年のシーズンはヤンキースにとってはずっと苦労したゲームが続いた年だった。たしかに投手陣も春に予期した活躍をしなかったこともあるが、それ以上にチームに何かが足りなかった。それを一番わかっているのはキャプテンのジータではなかったろうか。そのジータの気持ちを松井選手はとても敏感に感じ取っていたと言う。それは松井選手が日本で常勝を求められるジャイアンツのキャプテンをしていた経験があるからだろう。

二〇〇五年のシーズン、ヤンキースがプレーオフ地区シリーズでロサンゼルス・エンゼルスに敗れた。ヤンキースナインが敗戦後、アナハイムからニューヨークへ出発する飛行機は夜中の一時の予定だった。その飛行機の出発が三時間遅れて、おまけに機種の関係でヒューストンで給油しての、最悪のフライトだったらしい。何しろ一年間戦い続けて敗者になった男たちを乗せた飛行機なのだから……。ここから書く話は普段、あまり話をしない松井選手がニューヨーク駐在の或る日本人記者に語った話である。

松井選手が彼に話をしたのは、ひとつには彼の所属する新聞がスポーツ専門紙ではなく経済専門紙であり、さらにその記者が野球をほとんど知らない素人だったからだろうと、後になって松井選手が語っている。とは言え、若いがなかなかの文章を書ける記者である。以下は松井選手が語ったそのニューヨークにむかう飛行機の中で交わされた会話の内容である。私はその話がとても気に入っている。

エンゼルスとの最終戦、最後のバッターとなった松井選手は二点を追う九回二死一、二塁で打席に立った。長打なら同点。ホームランなら逆転である。松井選手は芯《しん》でボールをとらえ、打球は強烈なゴロとなって一、二塁間にむかった。相手の一塁手はダリン・アースタッド。守備には定評のあるプレーヤーだった。アースタッドは横飛びにボールへむかった。左ききのアースタッドの差し出したグローブにボールはおさまった。懸命に走ったが、間一髪アウトでシーズンが終った。松井選手はゲームの後、トーリに謝った。自分が打てずにすみませんでした、と。トーリはそれは違う、まるで違うよ、ヒデキ、君のせいなんかじゃないと言った。トーリは真底そう思っていた。そして長い選手、監督生活で自分の責任で敗れたと信じ、謝ってきた選手を初めて見たと言う。

松井選手にすれば、自分が打っていれば、と正直責任を感じていたはずだ。日本では敗因を探る時に特定の選手の名前を挙げることは日常だし、選手もそれに責任を感じるのが普通だからだ。ともかく松井選手は自責の念を抱いて飛行機に乗っていた。機内にはつとめて明るく振る舞う選手もいたし、トランプゲームをしている選手もいたが、やはり重い空気はあったと言う。

松井選手はトイレに立った。飛行機の一番後方の席はジータの指定席だった。松井が通り過ぎようとした時、ジータが「ヒデキ」と呼んだ。そしてこう言った。

「You are my favorite player（おまえ最高のプレーヤーだよな）」

松井選手はいつもの冗談だと思って、すぐにこう言った。

「I don't think so（本気かよ？）」しかしその後で素直な松井選手の気持ちが言葉になった。

「G, you are my favorite player（ジー、おまえこそ最高のプレーヤーだよ）」

するとジータが松井に質問した。

「ヒデキ、これからどうするんだ?」ジータは松井の今後が気がかりだったのだろう。松井とヤンキースとの三年契約が今年で切れるのを知っていた。

「まだわからないな。ジーはあと何年残ってるんだ」

「あと五年かな……」

「じゃ俺も五年契約にするか」

「そうか、ヒデキ。五年たったら一緒に日本でプレーしようぜ」

半分は冗談の二人の会話だが、私はとても好感が持てるヤンキースの選手同士の会話に思える。二人ともヤンキースの一員としてやり残していることが間違いなくあるのだ。

松井選手は二〇〇五年のシーズンを述懐する中でジータのことをさらにこう話している。

シーズン終盤からプレーオフにかけて、ジータの活躍には目を見張るものがあった。特にチームが戦意を喪失しそうになる場面でよく打った。

「彼への信頼が、さらに強くなりました。ジータというプレーヤーがよくわかってきました。チームを引っ張るところは勿論ですが、踏ん張れる男なんですよ。死に体に見えても、最後まで踏ん張る男なんです。ミスター・ヤンキースですね」

さらに松井選手は親友をほめちぎった。

「打とうが打つまいが、彼の振る舞いは何ひとつ変わらないんです。自分より常にチームが優先しているんです。自分の影響力の大きさもちゃんとわかってるんです」

松井選手は素晴らしい友を得たものである。

十五　平和とは何だろうか

二〇〇六年五月三日、私たち夫婦はポーランドにいた。かねて妻の願いだったアウシュビッツの収容所跡を訪ねていた。広島、長崎の原爆記念館を見ていた妻は、もし行く機会があればヨーロッパでの戦争のことを知っておきたいと私に申し出ていた。それは同時に、松井選手を連れてこの収容所を見学したいという気持ちがあり、一度自分の目で見ておこうと彼女は思ったらしい。今回の旅にはいくつかの目的があった。ひとつは彼女の父親が五年前に亡くなり、去年、母親も亡くなっていた。その二人が病気と闘っている時、彼女はスペインのバルセロナの郊外にあるモンセラットの黒いマリア像に両親のことを祈りに行ったことがあった。そのお陰で医師が宣告した歳月よりはるかに長く両親は生きてくれた。今回はそのお礼をマリア様に言いに行くのだ。そうしてポーランドに行き、その後で大西洋を渡り、何よりも楽しみにしていたヤンキースタジアムで松井選手のプレーを見る。ところが松井選手の負傷でニューヨーク行きは中止になった。スケジュールは前に組んであったのでヨーロッパだけの旅になった。

マザー・テレサの家への訪問といい、このアウシュビッツの訪問といい、妻と松井選手がいつも自分たち以外の人のことを考えていられるのが、私には正直よくわからない。私は五歳の夏から遊ぶことに夢中で、そこから何ひとつ進歩せず、遊んでいるのを巧妙に隠す術《すべ》だけを覚えた大人になっている。

「どうして人は戦争をするのですか。どうしてこんな愚かなことを？」

妻からその質問を受ける度に、私は途方に暮れる。

私が生まれた街にも、第二次大戦でなくなった人たちの魂を祀《まつ》った碑がある。私が子供の頃、夏の盆の時には、息子を軍隊に出征させ、まだ帰ってこない母親が大勢祈りにきていたし、愛する息子の魂が我家を見つけやすいように家の前に灯を点《とも》して一晩中待っていた。それは空襲を受けた人たちも同じだった。松井選手はニューヨークに着いた日、グラウンド・ゼロに行き、吹雪の中で一時間身動きもせずに祈っていた。

「戦争を憎みます。自分がグラウンドで野球ができている間は平和だと信じているんです」

たしかにそうかもしれない。第二次世界大戦で戦場に行ったメジャーの選手は大勢いる。左腕投手の歴代最多勝利を上げたウォーレン・スパーンはヨーロッパ戦線でドイツ軍と戦っているし、ヤンキースの名捕手、ヨギ・ベラはノルマンディー上陸作戦に参加している。インディアンズのボブ・フェラーは十七歳でメジャー入りし、入団四年目から三年連続二十勝していたが、一九四一年十二月の真珠湾攻撃を聞き、二日後に自ら海軍に入隊し、戦艦アラバマで戦闘に加わった。ヤンキースのジェリー・コールマンもそうである。選手生活としては大切な時期であったろうが、国を守るためなら野球より愛国心を優先させた。第二次大戦に従軍したメジャーリーガーは千百人だそうだ。不幸にも戦死したのはエルマー・ギデオンとハリー・オニールの二人だ。ギデオンはフランスで戦死し、オニールは硫黄島《いおうとう》で亡くなっている。メジャーリーガーとしてはかがやくような戦績はないが、それでも野球を愛した若者が野球場ではなく戦場にむかわなくてはならなかったのは不幸なことである。

日本でのプロ野球選手の出征兵士としての戦死者は六十九名である。その中には特攻隊として戦艦に突撃した者もいる。戦前、メジャーのオールスターメンバーが日本に来た時、ベーブ・ルース、ゲーリッグを相手に三振の山を築いた名投手沢村栄治《さわむらえいじ》もこの戦争で亡くなっている。それ以上に、アメリカも日本も大勢の野球を愛した人たちが戦場で亡くなっている。

第二次大戦の中で、アメリカと日本の戦争は真珠湾攻撃という宣戦布告なしの戦いからはじまった。当時の日本政府も宣戦布告を伝えるべく努力をした記述を学生時代に読んだが、間に合わなければ、戦争のルールを無視したことになる。だからアメリカ人で真珠湾のことを忘れる人はいない。今、日本の大半の人はこの戦争のことを忘れている。三百万人という日本人が死んだのに……。敗戦の後、アメリカ軍を中心とした進駐軍が日本を占領し、復興に力を注いだそのお陰で、現在、日本が朝鮮半島のような悲劇を生まないで済んでいることも、おそらく若者のほとんどが意識していない。さらに言えば、戦争がいかに惨いものかも知らないだろう。私は年齢からして戦争の名残りは経験しているし、故郷が広島に近いので、原爆禁止のデモにも参加し、戦争の悲惨さは知っている。広島に祈りを捧《ささ》げにくる大勢のアメリカ人もいる。小学生はアメリカからの脱脂粉乳のミルクを飲んで大きくなった。それでも何より感謝しているのは野球ができる平和を与えてくれたことだ。私は十五年近く野球ばかりしてきた。それが素晴らしい時間であり、多くの友人ができたことも誇りにしている。社会人になって苦境に立った時、あの時のゲームのピンチに比べたら、こんなものは乗り切れると自分に言い聞かせたものだ。私が少年の頃は日本中どこの空地でも子供たちは野球をしていた。松井やイチローのような若者が、アメリカでプレーしている限り、この国同士が憎み合ったり、銃口をむけ合ったりすることは将来もないと信じている。

私は戦争を憎む。戦争をする人間のこころを憎む。若い人に名も知らない若者を殺《あや》めさせる行為をさせてはならない。

いっとき日本の経済が急激に上昇し、アメリカのビルを買い占めはじめた時があった。愚かなことを日本のビジネスマンはするものだと思った。それは日本だけではなく、金だけを得ようとする人は皆愚かなことをするのだろう。

最近も日本の或る若者がＩＴ産業で会社を立ち上げ、マスコミの寵児《ちょうじ》となり、「今や私のライバルは松井だけだ。でも私は松井より金をたくさん持っている」と豪語していた。彼はインサイダー取引が発覚し、逮捕された。「金があれば何でも買える」と彼は言った。一部の日本の若者はそう思っているのかもしれない。けれど松井選手のような青年は日本にたくさんいるし、彼を誇りと思っている日本人が大半である。

力を得れば人はそれを使いたくなる。国に力がつけば軍隊を持ち、威力を誇示したくなる。それが国であり、人間なのだろう。その時、謙虚さがあれば力の暴走は止めることができる。私は松井選手の中にその謙虚さを見てしまう。

十六　「なんて素晴らしい人たちなの！」

松井選手にとって、二〇〇六年の左手首の骨折は、野球選手になって以来初めて経験する大怪我だった。そしてそれは原っぱや海辺を走り回っていたわんぱく坊主の時代にもなかったものだ。その証拠に日本から続いていた連続試合出場記録は千七百六十八試合で終止符を打った。プロ野球選手になってから実に十三年間、彼は怪我を知らなかった。私はすぐに連絡を取ろうと思ったが、そうしなかった。「大丈夫かい？　あせらずゆっくり治療に専念するんだよ」そう言ったところで、そんなことは松井自身が一番よくわかっていることだと思った。彼の賢明さを私はよく知っていた。

——松井選手が初めて経験する辛い時間なのだろう……。

私は治療に専念する松井選手の姿を想像し、彼の胸中を思った。だがこの苦境が必ず松井の野球と、人間をさらに大きくしてくれるに違いない。古今の名選手たちには必ずと言っていいほど苦しい時が訪れている。苦しみと対峙《たいじ》し、それを乗り越えた時、人は大きく成長する。松井選手にとっては悲しい出来事だったが、苦境を克服することで新しい松井秀喜が誕生する気もした。妻も二匹の犬も彼の怪我が早く完治するように祈っていた。日本でのメジャーリーグのテレビ中継ではヤンキースのゲームが極端に少なくなった。それは私にとってひどく淋《さび》しいことだった。松井選手がいなくともヤンキースのゲームは面白かった。ジータとリベラを見て、ヤンキースが勝てば嬉しかった。それでも、あらためて松井選手の存在の大きさを知った。彼は怪我をした翌日、コメントを出した。「自分が怪我をしたことでチームに迷惑をかけて申し訳ない」このコメントを聞いてアメリカのマスコミは驚いた。ゲーム中の不慮の事故の怪我で謝った選手は過去にいない。これは松井選手の人間としての品位のあらわれだ、と賞賛した（五月十三日付けのニューヨーク・ポスト紙の記事より）。この姿勢こそがヤンキースの選手の伝統だった。誰もが松井選手の一日も早い復帰を待ち望んだ。

二〇〇六年のメジャーリーグ前半戦が終了した。ヤンキースは苦戦していた。シェフィールド、松井選手の二人の主力打者が怪我で離脱したことは大きなマイナスだったし、投手陣も不安定だった。梅雨が終り夏が本格化すると、日本のスポーツマスコミからは松井選手の復帰の話題が出るようになった。「八月になれば復帰」そんな記事がヤンキースタジアムでランニングを開始した松井選手の写真とともに毎日スポーツ新聞に出るようになった。

「そろそろヒデキさんの様子を見にニューヨークに行ったら?」妻は日本でのヤンキース戦のテレビ中継がなくなり毎日つまらなそうな顔をしている私に言った。「いや、完治すればその姿が報道されるよ。それまで待っているよ」実際、私は松井選手が怪我をしてから連絡は取らなかった。訪ねたところで何ができるわけではないし、治療に専念して貰《もら》うことが一番大事だと思った。八月に入って、いよいよ松井選手がユニホームを着てトレーニングをはじめた。私は復帰戦を見るべく準備をし、九月十日をめどにニューヨークにむかう予定を立てた。八月十二日、まずパリに入り、ロンドンを経由して、スコットランドで小説の取材をした後、ニューヨークに渡るつもりだった。明日、出発という午後、テレビに臨時ニュースが入り、ロンドンでのテロ未遂事件が発覚した。旅行代理店に連絡を入れると、ロンドンは大混乱していた。旅は中止になった。事件の真相が解明されると、この事件がどれだけおそろしい事件になったかがわかり、私は驚愕した。

松井選手の復帰戦は九月十二日デビルレイズ戦と決った。

その日は朝から妻も二匹の犬もテレビの前に座って、松井選手のユニホーム姿があらわれるのを待った。「何だか四年前の春を思い出すわね。あの日も早くからこうして待っていたものね」「そうだったね。我家にはもう一匹家族が増えたけどね」私はテレビを見ながら松井選手がヤンキースで過ごしたこの三年半はどんな時間だったのだろうかと考えた。私が期待し、勿論、彼自身も望んでいる素晴らしいシーズンはまだ一度も訪れていなかった。それでも一年目、二年目、三年目と松井選手は確実にヤンキースの一員となり、何かができている気もした。でも松井選手の本当の実力はまだ出ていなかった。私は彼の真の力を知っていた。

テレビ画面に松井選手の顔が映った。松井がようやくグラウンドにあらわれた。ピンストライプのユニホームを着た松井選手が外野の芝生を走っていた。その時、ヤンキースタジアムが少しざわついた気がした。

——そうだよ。これがヒデキの本当の姿だ。

バックスクリーンに先発メンバーが発表されはじめた。NUMBER 55 HIDEKI MATSUI……とアナウンスされた時、ヤンキースタジアムから歓声が上がった。妻は言った。「ねぇ、拍手の数がいつもより多くない？ やはりヒデキさんは人気があるのね」私もそんな気がした。

そうして私も妻も想像もしていなかったことがゲームが開始されて二十分後に起こった。八番・DHに起用された松井選手は守備にはつかず、一回表のデビルレイズの攻撃が終り、ヤンキースの攻撃になった。初回からヤンキース打線は爆発し、アブレイユのスリーランホームラン、そして次から次に走者が出て、一死一、三塁の場面で松井選手に打順が回った。松井がゆっくりとバッターボックスにむかおうとした時、ヤンキースタジアムからどよめきが起こった。同時に満員のヤンキースタジアムの観客全員が立ち上がって松井選手を迎えた。「よく帰ってきたね松井」拍手が鳴りやまず松井選手は一度打席を出て観客にヘルメットを脱いで応《こた》えた。そこでまた球場全体に拍手と歓声が沸き上がった。アナウンサーは「球場全体が松井の復帰を喜んでいます。松井を迎えるには最高のシチュエーションです」と言った。「なんて素晴らしいの！　このスタジアムにいるニューヨークの人たちって……」妻は目をうるませて言った。私も同じ気持ちだった。

——誇るべきチームとファンだ。ヤンキースファンのハートは世界で一番熱いんじゃないか。

私は感動していた。四年前の春、松井選手がヤンキースタジアムデビュー戦で満塁ホームランを打った時の感動と、まったく違う感動だった。それは野球を愛する人のこころがどんなに純粋かということ。そしてこの四年間、松井選手がニューヨークで、ヤンキースでしてきたことが何だったかということを、総立ちのファンが教えてくれた。

——野球はなんて素晴らしいスポーツなんだ。

感動の復帰にはプレゼントもあった。初打席で松井選手はセンター前にヒットを打った。それだけで終らなかった。二打席目も、三打席目も、四打席目も松井はヒットを放った。まるでプレーができなかった日々のくやしさを爆発させたように。四打席目のヒットを放った松井選手を見て、ジータは呆《あき》れ返っていた。「ヒデキ、あいつはなんていう奴なんだ！」とでも言いたげな顔をしていた。その夜、二度目のスタンディングオベーションが一塁キャンバスの上に立っている松井に送られた。

オフシーズンに、松井選手はあの復帰戦の夜のことをこう語った。「本当に嬉しかった。打席にむかうまではそんなふうに自分を迎えてくれるとは少しも思っていなかった。でもあの拍手と歓声で四ヵ月のリハビリの苦しかったことがいっぺんに吹き飛んでしまった」翌日のニューヨークの新聞はヒデキとゴジラの文字で埋まった。我家の犬たちは、その日上機嫌の妻から少し大きい肉を夕食に貰い、私はいつもより高いシャンパンとワインを飲むことを許可された。

「さあヒデキが帰ってきたぞ」私はヤンキースのアメリカンリーグ東地区一位が決定した日、ニューヨーク行きのチケットを予約した。マスコミの大方の予想は後半戦のヤンキースの勢いを見てか、今年こそワールドチャンピオンになれそうだという意見が多かった。十月三日からはじまった地区シリーズの第一戦、ヤンキースはタイガースに八対四で先勝した。当初、私はアメリカンリーグの地区優勝決定戦から見ようと思っていたが、短期決戦のポストシーズンのゲームは何が起こるかわからないことを知っていたから、一日も早く松井選手の姿を見ておこうと予定を早めた。到着した夜、第二戦を見に行ったが、雨で中止となった。翌日の昼間、第二戦が行われた。ひさしぶりにフィールドに立つ松井選手の姿はまぶしかった。第二戦のヤンキースは拙攻が続き、残塁の山を築いた。松井は三本の安打を放ったが、チームは三対四で敗れた。それでも私はヤンキースの勝利を信じて、街の治安が良くないデトロイトには行かずに、ニューヨークでヤンキースを待つことにした。ところが第三戦、タイガースのケニー・ロジャース投手にヤンキース打線は完封され、〇対六で敗れた。タイガースは勢いづいた。第四戦は早々と先発投手が打ち込まれ、三対八で敗れた。思わぬポストシーズンの敗退だった。しかしそれが野球である。

数日後、私は松井選手と待ち合わせ、食事をともにした。敗れたくやしさは彼の表情からは見てとれなかった。

「残念だったね」

「はい、これが野球なんでしょうね」野球というスポーツには、その勝敗において目には見えない魔物がついている。私たちは静かに食事をした。

「もう怪我は大丈夫なの？」

「まだ少し違和感があります。ドクターの診断したとおり、完治には半年かかるそうですから、半年の期間がくるのにあと数日ありますね」松井選手の言葉を聞いて、そうか、あの負傷から半年になるのだ、とあらためて怪我の大きさを知った。

「こんなに野球ができなかったのは初めてだね」

「本当ですね……」

「でもきっといいことが待っていますよ。野球のゲームでも言うでしょう。ピンチのあとには好機がやってくるってね」その時松井選手は白い歯を見せて笑った。

私は静かにお茶を飲んでいる松井選手を見ながら、こうしてシーズンが終った時に二人で食事をするのが四年目になることに気付いた。この四年間、私と、私の家族と、大勢の彼のファンが、彼のプレーでどんなに勇気付けられただろうかと想像した。どんな時も彼はベストをつくしてプレーを続けた。それは松井選手を見てきたすべての人が知っている。日本人もアメリカ人もなくて、野球を愛する人ならこの若者がどんなに野球にすべてを注いでいるかを。

チームがワールドチャンピオンになるために彼は毎日、懸命にプレーし、努力を怠ることはなかった。それを日々続けることが、どんなに大変なことか、私には想像もつかない。けれど松井選手は黙ってそれを実行している。八年前に逢った若者は目の前で立派な大人に成長しようとしている。それは若木が大樹になるのと似ていて、一ヵ月、半年では幹が太くなり、枝が伸びていることにはすぐに気付かない。それでも確実に松井秀喜は大きくなっている。彼が望み、目標としているプレーヤーとは何なのだろうか。大樹にあふれるほどの花が咲くのは来シーズンなのか？　私はそうあって欲しいと思うし、木の周りに集まった人々が、美しくて、謙虚な花が咲いているのを嬉しそうに眺める日を楽しみにしている。

「大きな木にどんな花が咲くのだろうか？」

十七　「この木にどんな花が咲くのだろう」

二〇〇七年、春間近、私と私の家族は雪がとけはじめた庭を見ている。その庭に一本の木が雪を散らして空にむかって伸びている。タンパではヤンキースのスプリングキャンプがはじまった。松井選手のニュースが毎日、届きはじめた。

去年の秋、松井選手が復帰して感動的な活躍をした数日後、妻は庭師と相談してニューヨークのある東の方角に一本の木を植えることにした。庭師が選んだのは樫《かし》の木だった。根がたくましく、大きくて丈夫な木に育つ樫を庭師は植えにきた。トラックで運ばれた木を皆して迎えた。犬というものは土を掘ったりする人間を遊び仲間と思うらしい。「こらっ、お仕事の邪魔をしてはダメよ」それでも犬たちは、数時間後に妻が〝ヒデキ〟と名前を付ける木の周りで跳ね回っていた。植樹が終り、妻は犬たちに言った。「この木の名前はヒデキ君だからね。この木の下でオシッコなんかしないように」犬は上機嫌の妻を見て、ただ飛び上がっていた。その年のクリスマスに〝ヒデキ君の木〟にハート型のイルミネーションとケーキのおもちゃ、ヤンキースの人形を吊《つる》した。十一月に日本に帰国してから、彼はいつも以上にトレーニングに励んでいた。トレーニングを取材した記者たちからも「今年のトレーニングには凄味《すごみ》があります」という声がしていた。

もうすぐ本格的な春がやってくる。それは私と私の家族にとって松井選手がグラウンドに立つ春である。野球がはじまる春は最高の季節である。

その日の午後、私と妻、二匹の犬——哲学者の兄と野生児の弟は皆で〝ヒデキ君の木〟の下に立った。

雪雲は東の風が吹き飛ばしてしまい青空が広がっていた。〝ヒデキ君の木〟は新芽を出し空に伸びようとしている。これからこの木は暑い陽差しの夏に耐えなくてはならないし、豪雪の冬にも独りで立ち続けなくてはならないのだろう。それでもいつか花が咲き、みずみずしい葉で装われ、美しい姿を私たちに見せてくれる。木は何も言葉を発しないが、土の中でしっかりと根を付け、己ができることをしっかりとやり続ける。謙虚な生き方をする生きものだ。それが誰かに似ている。いつか大きくなった時、私たちはこの木を仰ぎ見て、有難うと感謝の言葉を言うだろう。

妻が言った。「今年のヒデキさんはどんな活躍をするかしら?」

「たぶん去年よりはもっと活躍するよ。そして次の年はもっと大きくなってるよ」

犬たちが足元で吠《ほ》えた。見ると春を告げる白い蝶々《ちょうちょう》が庭にやってきていた。

「さあ、君たちもヒデキ君のために祈ろう。しっかり応援すれば夕食にはステーキがもらえるぞ」

家の中にむかって歩き出した私たちの背後で、さわさわと木の葉がやさしい音を立てていた。

十八　逆風にむかって

二〇〇七年、松井選手は手首に不安を抱えながらシーズンインした。

この前年から彼は日本からトレーナーを呼び寄せた。それは、手首快復というより、身体全体を作り直すことが目的だった。敢えて日本人トレーナーを呼んだのにはもうひとつ理由があった。それは彼の持病とも言える膝《ひざ》の治療である。メジャー一年目から彼の膝には疲労の蓄積が顕著に出た。シーズン後半になると膝はおそろしいほど膨《ふく》れあがっていた。松井選手は身体全体を作り直すことでそれをカバーしようとした。その膝をかばったせいもあろうが開幕してすぐに走塁中に左太腿《ふともも》を痛めてしまい二週間の故障者リストに入った。

この年の松井選手は次々に記録を達成していった。日米通算二千本安打、七月にはメジャーで初の月間ＭＶＰに。八月五日にはヤンキースタジアムで日本人初となるメジャー通算百本塁打を達成した。

ヤンキースは長いシーズンを何とか乗り越え、ワイルドカードでの地区シリーズに進出したが、またしても松井選手は膝の治療のため離脱をしなくてはならなかった。チームは地区シリーズで敗れ、七シーズンワールドチャンピオンから遠ざかっていた。シーズンオフにヤンキースはジョー・トーリ監督の退任を決定した。新監督はジョー・ジラルディが迎えられ、彼のすすめもあって松井選手は右膝の内視鏡手術を受けた。

二〇〇八年のシーズンは右膝の手術の快復を見ながらキャンプを迎えた。前年からニューヨークのマスコミは松井選手のトレードの話題を取り上げるようになり、ジラルディ監督のチームの構想から松井選手が外れる状況だった。彼は新監督の信頼を勝ち取るために黙々とトレーニングに励み、開幕こそ八番・DHであったが四月後半には四番を任され、五月七日にはメジャー六年目で初のアメリカンリーグ打率トップ（三割三分九厘）にもなった。好調の原因のひとつに、この年の三月、彼は人生の伴侶《はんりょ》である妻を娶《めと》り、ニューヨークで新生活がはじまっていたことがある。しかし、順調だったはずのプレーに障害が起きた。手術した右膝ではなく古傷の左膝が痛みはじめた。またも故障者リストに入り、ヤンキースタジアムでのオールスター戦も出場できなかった。復帰後、日米通算四百四十四号を放ち、恩師、長嶋茂雄氏の記録に並んだが、すぐにまた左膝が悪化し、シーズン終了後に今度は左膝の手術を受けた。

怪我に悩まされシーズンの半分をプレーできなかった彼だった。そんな状態の中でヤンキースとの契約最終年である二〇〇九年にむかっていった。

十九　世界最高峰に立った男

二〇〇九年は松井選手がメジャーに挑んだそれまでのどの年より険しい状況でのスタートだった。オフシーズンの新聞には、松井はヤンキースにはすでに必要のない選手だと公然と記事が出るようになった。その論調はヤンキースはおろか他チームにも松井の行く場所はないというものだった。松井自身も「二〇〇九年は自分の野球人生の分かれ道になる」と話し「今年きちんとした結果を残さなくてはどこにも自分と契約してくれるチームはないだろう。そうなれば野球人生の終わりを迎えるかもしれない」と語っていた。

チームはそんな彼の不安を裏付けるように大型スラッガーをどんどん補強していた。ニューヨークに新ヤンキースタジアムがオープンすべく急ピッチで工事が行われていた。DHでの出場機会さえ危ぶまれた。手術をした膝の調子は決して良くはなかった。

そんな中で松井選手は黙々と準備をしていた。キャンプインから彼はそれまでのどのキャンプより自分が万全のプレーができることをアピールしていた。体調は近年になく良いように思えた。オープン戦を四番・DHで出場し、四本塁打、十四打点という好成績で終え、〝スロースターター〟の汚名を返上したようにさえ映った。開幕戦を四番・DHでスタートしツーランホームランを打ち、順調なはじまりだった。このホームランは恩師である長嶋茂雄氏の記録を上回る四百四十五号目だった。このまま突っ走るかと思われたが手術した左膝に水が溜《た》まっていたのを注射器で抜いていたことがわかり、故障者リスト入りかと報道された。だが彼はこのままで大丈夫と明言した。その態度にこの年に賭《か》ける並々ならない覚悟が伝わって来た。

〝松井は土壇場に追い込まれている〟〝松井は窮地に立っている〟とアメリカのスポーツマスコミのみならず日本のスポーツマスコミも連日松井選手がすでに選手生命を断たれているかのごとく報道した。それはこれまでの彼の現役生活でもっとも厳しい報道だった。

一年ゆっくりと治療に専念し、選手寿命を一年でも長くした方が得策なのではという評論家もいた。

彼は耐えた。

自暴自棄になることもなく、声を荒らげるでもなく、決してうつむくこともなく、日々、準備を続け、何かを待つようにチームの一員としてベンチに入った。

　私もこの時期、大勢の友人、知人から聞かれた。

「松井の膝の調子はどうなの？　本当はそうとう悪いんじゃないの。日本に戻って治療した方がいいんじゃないの」

「ヤンキースの新監督は松井を見捨ててるんじゃないの」

「今日、トレード話がまた出たね……」

　私は彼の話題が出る度にこう言った。

「まあ見ていて下さい。あのマツイですよ。私たちの夢なんですよ、彼は」

　私は何かを信じようとしていた。いや実際信じていたが、それが何なのかわからなかった。

　そんな時、ヤンキースの一人の選手が松井選手を信じて来たるべき日々を待っていた。ヤンキースのキャプテン、デレク・ジータである。松井選手の無二の親友である。

　彼はこの年の春先からことあるごとに話していた。

「ヒデキはきっとやってくれるはずだ。ヒデキはうちのチームに必要な選手なんだ。ヒデキはそういう選手なんだ」

キャプテンの言葉を耳にしてもチームメイトはそれがなんなのか想像がつかなかった。

私は松井選手に言いたかった。

耐えなさい。励みなさい。さらに厳しいものが、辛《つら》い風が吹きつけてきても、それは野球の神様が君に与えた試練なのです。

新ヤンキースタジアム誕生は名門ヤンキースに優勝という大きな重責と期待を与えた。

チームはそれに応えてシーズンを乗り切り、三年振りに地区優勝を果した。

私はポストシーズンに入る一ヵ月前の八月ボストンで行われた対レッドソックス戦での彼のバッティングを見て、

——松井選手の中の何かが変わってきたぞ。

と感じていた。

それは一試合に二本のスリーランホームランを放ち、七打点を上げる活躍だった。

リーグ優勝決定戦で、エンゼルスを四勝二敗で下したヤンキースはフィリーズとのワールドシリーズに突入した。

いよいよ世界の最高峰に立つ時が来たのだ。

二十　夢のようだとヒーローは語った

夢とは何だろうか。

仕事、人生の目標点に見えるものという人もいる。子供の頃からずっと描いている望みだという人もいる。憧《あこが》れていたもの、憧れていた人そのものという人もいる。夢は人それぞれかたちが違う。皆の顔や好みが違うように夢は人の数だけ世の中に存在するものなのだろう。

芥川龍之介《あくたがわりゅうのすけ》の小説『杜子春《とししゅん》』の若き主人公は自分の思い描いていた夢を幻の中でそれぞれかなえるが、夢を手に入れた後にむなしさだけが残ってとぼとぼと歩き出す。小説家がそれを書いたのは主人公の若者の夢が、自分だけがしあわせであればいいというひとりよがりの夢であったからだ。

夢とは、そこにその人の生きる姿勢がついてまわる。どんなふうに生きるかは夢を実現するために不可欠なものなのだろう。どんなにささやかな夢でも、夢はその人とその人の周りの人に喜びや力を与えるものなのだろう。一人の人間が長い間夢を思い描き、それが実現した後、当人は勿論だが、周囲の人たち、いやもっと大勢の人に喜びと勇気を与えることができたら、それはもう夢ではなく、生きる希望、生きていてよかったと、私たち皆がこの世に存在していたことを肯定できる素晴らしい出来事になる。

「ねぇ、ヒデキさんはきっと何かをしてくれるよね」

フィリーズとのワールドシリーズがはじまり、ヤンキースは一勝一敗で敵地フィラデルフィアに入った。ナ・リーグにはＤＨ制度が採用されていないから松井はピンチヒッターでの出場しかない。

その第三戦を私たちは仙台の自宅でテレビ観戦していた。

「大丈夫だよ。あの第二戦のホームランを見ただろう。このゲームだって大事な時にヒデキ君は出てくるさ」

ヤンキースが三点リードしている八回表、松井がネクストバッターズサークルにあらわれた。

「あなた見てよ、ヒデキさんよ。あっ、打った。打った。あなた見て、打った」

彼女の興奮した声の中で、松井の打ったボールはあの独特な打球、美しい放物線を描いてレフトのスタンドに吸い込まれた。ベースを一周して戻ってきた松井選手をチームメイトが歓声とともに迎えている。

「私、レフトの方に打ったヒデキさんのホームラン初めて見たわ」

「あのスイング、打球をヒデキ君は想定してずっとトレーニングをしていたんだよ」

「そうなの？」

「当たり前だ。松井秀喜だぞ」

「そうね」

犬たちは彼女が喜ぶと周囲を跳ね回った。

――しかしこんなもので終るはずはない……。

第四戦もヤンキースは勝利し、ワールドチャンピオンまであと一勝と迫った。そのゲームは松井選手はピンチヒッターで登場したが打てなかった。第五戦はフィリーズが踏ん張り対戦成績は三勝二敗となった。

「ヨオーシ、ニューヨークに帰るぞ」

私がゲームが終って大声で言うと、彼女が訊いた。

「どうしたの？　ヤンキースが負けたのに喜んでるの？」
「だってヒデキ君がフル出場できるんだよ。そこできっと何かが起こるよ」
「本当に？」

私は奇跡というものを信じない。あればいいなとは思うが、私の身内や友人が窮地に陥り、辛く苦しい時に奇跡は起こらなかったし、それを信じて何かをしたこともない。だがその年のワールドシリーズが第六戦に突入した時、もしかして奇跡が起こるのではと思った。

二〇〇九年の十一月四日、ヤンキースタジアムで起こったことを、私たちと多くの日本人、ヤンキースファンは、いやすべての野球を愛する人たちは決して忘れることはないだろう。

松井選手は五番・DHで先発メンバーに登場した。試合前から新ヤンキースタジアムは異様な興奮でつつまれていた。

フィリーズの先発投手はペドロ・マルチネス。レッドソックス時代から松井選手とは因縁のあるメジャーを代表する名投手だった。マルチネスは松井選手に対して絶対の自信を持っていた。それはマルチネスの闘志とあいまって、こんなアジアから来たプレーヤーに負けてたまるか、という気概にも通じていた。

「マツイ、打てるものなら打ってみろ」

「おまえの投げたベストボールを打ってやる」

その闘志こそがこの伝説となる勝負を生んだすべてだった。

ダイヤモンドには一人の走者。そこでヒデキ・マツイと場内アナウンスが響いた後、ヤンキースタジアムに大歓声が起こった。

ふたつのライトへの大飛球はファールになった。その度に歓声とため息がこぼれた。マルチネスも逃げない。そうして投じられた第八球、松井選手の試練の膝元にむかってメジャー最上級のボールが投じられた。

それはまるでスローモーションを見ているようだった。あんなに痛みに苦しめられた両膝がやわらかなヤナギの枝のようにたわみ、松井選手の目がしっかりと捉《とら》えたボールをバットがムチのようにしなりながら一閃《いっせん》した。その瞬間、夜空にむかって何かの力を与えられた打球は、私が生涯で見たどの打球よりも美しい放物線を描いてヤンキースタジアムのライトスタンドに吸い込まれて行った。

スタジアムは総立ちになり、現地の実況アナウンサーは絶叫し、人間の歓声とは思われない声が、テレビの前に立ち上がっていた私たちの耳に響き続けていた。

そうして、あの唇を真一文字に結んで、静かに淡々とダイヤモンドを回る松井選手のホームランの走りがブラウン管に映し出されていた。

——こんなことが起こるなんて……。いやこんなことをやってのけるとは……。

妻の目に涙があふれ出し、犬たちは飛び回り、テレビのアナウンサーは声が変わり、ヤンキースタジアムは狂喜している。

そうして松井選手を真っ先にむかえたのは彼の活躍を信じ、見守ってきたデレク・ジータだった。二人は顔を見合わせ、ちいさく笑ってうなずいた。

「やったな、ヒデキ」

「ありがとう」

私には二人の目が語る言葉がそう聞こえた。

それからはもう夢の中の出来事を見ているようだった。三回、五回に二点タイムリー打を放ち、一ゲーム六打点の活躍は一九六〇年にボビー・リチャードソン（ヤンキース）が持つ一ゲーム最多打点の記録に並んだ。そのワールドシリーズの六ゲームで通算打率六割一分五厘、三本塁打、八打点。ゲーム後半からヤンキースタジアムのあちこちから沸き起こる〝ヒデキ、ヒデキ〟のコールが、その素晴らしい活躍に何を与えるべきかを物語っていた。

ワールドシリーズMVP。

百五回の歴史を持つメジャー野球の最高峰のゲームで日本人が初めて最高の選手となったのだ。

MVPトロフィーを感慨深げに見つめ松井選手は言った。

「夢のようです」

二十一　逆風に立つ

ニューヨーク、マンハッタンを雪のような紙吹雪が舞う中で熱狂する数十万人の観衆に手を振る松井選手の笑顔を見て、

「こんな夢のようなことが現実になるんだ。それもこれもすべては松井選手がこの数シーズン怪我を克服していつかめぐって来るであろう、その時のために苦しい辛いトレーニングに耐え抜いたからだ」

とあらためて彼の不屈の魂に敬意を表した。

「やっぱりヒデキさんの笑顔はいいわね」

妻の声に、私はうなずいた。

――こんなふうに嬉しそうに笑う松井選手を見るのは何年振りだろうか……。

私は彼と出逢ってからの日々を思い起こした。

日本を代表するスラッガーでしかもジャイアンツの四番打者がメジャー挑戦を決めた日。そして二〇〇二年十一月一日の記者会見での言葉。

「何を言っても裏切り者になる……」

「命を懸けて戦ってきます」

その記者会見をテレビで見ていて、

——そこまで言わなくてはならないのか？

と彼が置かれた立場の運命のようなものを感じずにはいられなかった。

この先どうなるかわからない未知の世界に挑むのに、命を懸けると若者は言った。思えば彼のメジャー挑戦は最初から、逆風の中に立たねばならなかったのだ。

メジャー挑戦の一年目、過酷な試合スケジュールの中で日々ベストをつくし、おそらくこの一年目からはじまっていたであろう膝の痛みに耐え、それを決して口にしないでフル出場を果たした沈黙の闘志。一年目ですでにワールドシリーズの四番をまかされていた。

ワールドチャンピオンこそ逃がしたものの、ヤンキースの長い歴史の中で新人で百打点を達成したのはジョー・ディマジオ以来六十七年振りの快挙であったし、新人で全試合、フル出場したのも三人目であった。ワールドシリーズでもヤンキースタジアムのバックスクリーンに特大のホームランを放った。ワールドシリーズに敗れた後の記者会見で右膝に大きなアイシングをして一言「悔しいです。それ以外にありません」と唇を噛《か》んだ姿が印象的だった。思えばこの時からチームの優勝に自分が何をしなくてはならないのかがわかっていたのかもしれない。

二年目も全試合に出場し、三十一本のホームランを放ち百打点をマークした。このシーズンの終りにメジャーでは慣例になっているチームとの再契約を彼は敢えて調印しなかった。背水の陣でのぞみきちんとした成績を残して契約したいというのが彼の考えだった。自分を決して安易な場所に立たせない。それが彼のプロスポーツ選手としての姿勢、プレースタイルだった。二〇〇五年シーズン途中、彼の誕生日の六月十二日のカージナルス戦の守備に立っている時、右足首を捻挫《ねんざ》したが、後半戦からめざましい活躍をしてチームの東部地区優勝に貢献した。オフシーズン、ヤンキースとの四年契約に調印した。五千二百万ドルという四年間の年俸総額だった。

四年目のシーズンの開幕直後、あの左手首骨折に遭う。連続試合出場は千七百六十八試合で途切れたが、復帰を目指して辛いリハビリに耐え、黙々と自分のなすべきことを懸命にやり続けた。

五年目からのシーズンはまさに怪我との戦いの日々だった。おそらく何度も挫折しそうになった時があったであろう。私たちの想像もつかない痛みに野球を断念しなくてはならないのかと問うた日もあったに違いない。

正直、私はこの時の松井選手を見ていて、

「どうして彼にばかり辛すぎる風が吹くのだろうか」

と切なくなった。

——逆風ばかりが松井には吹くな……。

しかしそんな時でも彼が自暴自棄にならずに、その時自分がなし得るベストのことを続けられたのは、彼が自分の人生に与えられた使命を信じていたからではないだろうか。

私の周囲もそうだが、日本中に松井選手の熱烈なファンが大勢いる。彼等の中には甲子園球児だった時代からのファンもいれば、ジャイアンツからのファン、メジャーに挑戦してからのファン……とさまざまである。中でもそれまで野球に興味がなかった人たちに彼が注目されるようになったのは、メジャーでの松井選手の野球に対するひたむきな姿勢と、時折届いてくるコメントから受ける彼の生き方に共鳴する人が増えたからだろう。

二〇一〇年、彼はヤンキースとの再契約の交渉でひとつの条件を出した。それはＤＨだけで自分が起用されることを拒否したのだ。松井選手は野球は打って、守って、走ることが基本だと常々考えていたし、体調さえ良ければ十分に守備につき走者として走ることもできると信じていた。〝フォア・ザ・チーム〟チームの勝利を最優先するのは当然だが、彼は自分だけがベンチに待機してバッターボックスに入ることより、皆と守備につき守り走ることが真のプレーヤーと考えていた。ところがヤンキースはこの松井選手の希望、信念を受け入れなかった。そのオファーに応《こた》えなかった。

松井選手は他のチームでプレーすることを選択した。ここでもまた彼は己の信念を貫くために〝逆風に立つ〟ことを選んだ。

西海岸のチームのエンゼルスはソーシア監督自ら松井に逢いに行き、若いチームにとって彼がぜひとも必要だと説得した。彼はソーシアの熱意に感謝しヤンキースを離れた。

この年のエンゼルスでの初遠征はなんとヤンキース戦だった。そのゲーム前に感動的な場面を人々は目にした。去年のチャンピオンリングを贈られた松井選手にヤンキースの選手全員が駆け寄り、抱擁した。ヤンキースタジアムの観客も総立ちで松井選手を祝福した。あのジータも嬉しそうに、ヒデキと名前を呼びながら盟友と抱き合った。この三連戦の終りのゲームで松井選手はホームランを打ち、翌日のニューヨークの新聞は、なぜこんないい打者を放出したんだと書き立てた。

松井選手は新チームで守備にもつき順調にシーズンに入ったが、エンゼルスは多くの故障者を出した前半戦の不振がたたり残念な成績でシーズンを終えた。その結果チームは松井選手に厳しい評価をし、翌年彼はアスレチックスとの一年契約を結び、新天地での再出発となった。しかしゲレン監督の松井選手の起用は右投手に限られ、不振も続いてベンチにいる機会が多くなった。しかし監督がメルビン監督代行に代わると、彼は松井選手の打撃を以前から評価していて、それに応えるかのように日米通算五百号のホームランを放つなどの活躍をするが、成績はチームと同様に不振のままシーズンを終えた。彼はＦＡとなり、どこかのチームからのオファーを待つかたちになった。ヤンキースなどいくつかの球団が獲得に興味を示したが契約まではいたらなかった。チームが決まらないまま彼は渡米し、自宅のあるニューヨークの施設で一人トレーニングに励んだ。またしても、逆風に立たねばならなかった。まだ寒風の吹きすさぶニューヨークで黙々とランニングする松井の姿を見た人は、その姿に感動したという。

開幕から一ヵ月が過ぎた時、レイズ球団が松井選手にマイナー契約を申し込んできた。彼は記者会見で「自分はただプレーがしたい。野球がしたいという気持ちだけです」と淡々と語った。

マイナーから昇格しての初戦、松井選手はいきなり先制のツーランホームランを放った。三日後には二号ツーラン。それを見て私は安心をしていた。ところが七月二日、守備についていた彼はファールボールを追い掛けている時に左太腿《ふともも》を痛めそのまま退場した。

これが松井選手の姿をグラウンドで見た最後だった。

私はそれでも松井選手は必ず復帰すると信じていた。

二十二　感謝を込めて

もうすぐそこに春は来ていて、仙台の庭に残る雪の中からコブシ、タイサンボク、リンゴ、サクラ……の木々に固い蕾《つぼみ》が開花のために少しずつ力を備えている。

今年の冬は特別寒かった。つい数日前は家を揺らすほどの猛吹雪が一晩中続いた。暖炉に薪《まき》をくべながら夜半、犬と過ごして春の到来を待った。

――もう少しすれば春だぞ。春になればメジャー野球がはじまる。そうすれば松井選手のホームランが、あの少年のような笑顔が見えるぞ……。

と犬にむかって語りながら、この十年を過ごした。

松井秀喜の一本のホームランが、ひとつのプレーが、あの笑顔が、仕事に疲れたり、何かくじけそうな気持ちになった時、どれだけ活力と勇気を与えてくれたことか。

グラウンドには雪が積もっているであろう凍てつく夜でさえ、私は思った。

今、この時間でさえ松井秀喜はどこかで滴り落ちる汗も拭《ぬぐ》わずバットを振り続けているに違いない。自分に与えられた使命のために人生のすべてを懸けてバットを振っている。そういう人なのだ。それが確信できるほど彼の仕事への情熱と誇りは素晴らしいものがあった。だから松井選手を見ているだけで、自分もやらねばと思うのだ。

昔、サトウハチローという詩人が、長嶋茂雄に一篇の詩を捧《ささ》げた。

疲れきった時　どうしても筆が進まなくなった時　すべてのものがいやになった時　ボクはいつでも　長嶋茂雄のことを思い浮かべる　長嶋茂雄はやっているのだ　どんな時でも　自分できりぬけ　自分でコンディションをととのえ　晴れやかな顔をして　微笑さえたたえて……（中略）「えらい奴だなァ」と心から想う　ひとにはやさしく　おのれにはきびしく　長嶋茂雄はこれなのだ……（中略）　ボクは長嶋茂雄を心の底から愛している　自分をきたえあげて行く　長嶋茂雄のその日その日に　ボクは深く深く　頭をさげる

サトウハチロー

私は長嶋茂雄を松井秀喜に置き替えて、この詩を口ずさむことが何度かあった。

長嶋茂雄と松井秀喜はまさに野球の申し子であり、運命的な出逢《であ》いをし、そして何かに導かれたようにミスターはゴジラに彼が持つすべてのことを教え、伝えたのだ。

松井選手も、長嶋監督との出逢いが自分の野球選手としてのすべてを決定づけてくれたと話している。二人は運命の、宿命の師弟だったのだ。深夜でも叩《たた》き起こされ、松井選手は畳が何枚もすり切れるほどスイングし、長嶋監督はそれを見守り、叱咤《しった》した。日本で最高の打者が世界で最高の打者を見いだし育てた。それに応《こた》えた松井選手も素晴らしかった。

その長嶋氏が松井選手の引退会見を見て、ひとつの区切りを迎えたことを知り、かく語った。

「現役の時には一度も口にしませんでしたが、今なら言うことができます。松井選手は私が知る最高のスラッガーです」

この言葉は私の胸に痛みとなって響いた。

「……そうか、もう二度とあの美しい放物線を描くホームランを見ることができないのか。一年の中で一番待ち遠しく、期待に胸をふくらませた春はなくなってしまったか……」

さまざまな惜別を経験してきたが、これほど胸の痛むことはそうなかった。

こう思っているのは決して私一人ではあるまい。松井選手を待つ春は終ったのだ。

切なくなればなるほど、この十年、彼が私と家族に与えてくれた夢の大きさに気付く。

同じ時代に生きて、彼が私たちに与えてくれたものの大きさ、深さに感銘する。

あれほどの逆風に立っていても、彼は一度も弱音をはかなかったし、敢えて逆風に立つことで自分を鍛えようとした。

そういう仕事の、人生の手本を私は松井秀喜から教わった。

逆風に立つことは辛く苦しいことだが、やがて風が止まり、陽が差し、星がまたたきはじめたら、あの青空へ、星空へ、耐え忍んできた力がホームランボールの風となってすべての人々の夢となって飛んで行くのだろう。

私は彼と出逢い、応援できたことを生涯の誇りに思う。

夜が明け、庭に、〝ヒデキ君の木〟が風が吹きやんだ厳冬の中ですっくと立っている。

「偉い奴だナ」

少し切ない春だが、人生とはそういうものなのだろう。


（終り）

本書は二〇〇七年三月にランダムハウス講談社から刊行された『MODESTY　松井秀喜　つつしみ深い生き方』を加筆・修正し、再編集したものです。

伊集院 静（いじゅういん　しずか）

1950年山口県防府市生まれ。72年立教大学文学部卒業。81年短編小説「皐月」でデビュー。91年『乳房』で第12回吉川英治文学新人賞、92年『受け月』で第107回直木賞、94年『機関車先生』で第7回柴田錬三郎賞、2002年『ごろごろ』で第36回吉川英治文学賞をそれぞれ受賞。作詞家として「ギンギラギンにさりげなく」「愚か者」などを手がけている。

装丁　國枝達也（角川書店装丁室）

逆風《ぎゃくふう》に立《た》つ　松井秀喜《まついひでき》の美《うつく》しい生《い》き方《かた》

平成二十五年三月十日　初版発行
平成二十五年四月二十日　三版発行

著　者――伊集院静《いじゅういんしずか》
発行者――井上伸一郎
発行所――株式会社 角川書店
東京都千代田区富士見二―一三―三
〒一〇二―八〇七八
電話／編集　〇三―三二三八―八五五五
発売元――株式会社 角川グループホールディングス
東京都千代田区富士見二―一三―三
〒一〇二―八一七七
電話／営業　〇三―三二三八―八五二一
http://www.kadokawa.co.jp/

印刷所――大日本印刷株式会社
製本所――大日本印刷株式会社

 ISBN 978-4-04-110447-7 C0095